Nosotras que contamos

INÉS GARCÍA-ALBI

Nosotras que contamos

Mujeres periodistas en España

Primera edición: octubre, 2007

© 2007, Inés García-Albi Gil de Biedma
© 2007, Random House Mondadori, S.A.
   Travessera de Gràcia, 47-49. 08021 Barcelona
© de las ilustraciones interiores: archivo personal, Agencia
   Efe, Cover, Prisacom, Estampa, Crónica, Foto Larena, Ma-
   nuel López Rodríguez, César Lucas, J. Irún, Miguel Torán,
   De Pablos, Prensa Gráfica, Félix Gómez, Ana Nance y
   Gloria Rodríguez.

Printed in Spain – Impreso en España

ISBN: 978-84-01-37981-9

Depósito legal: B. 27.297-2007

Fotocomposición: Revertext, S. L.

Impreso en A & M

Encuadernado en Artesanía Gráfica

L 3 7 9 8 1 9

Índice general

PRÓLOGO

Toda una aventura

Dentro de los muchos méritos de este libro está el haber indagado, por primera vez en España, en la oculta historia del periodismo hecho por mujeres, por españolas, a modo de retrato de un proceso no menos desconocido en su globalidad. Ha habido, ciertamente, relatos muy concretos y personalizados sobre el trabajo de periodistas españolas. Algunas de estas mujeres han explicado en artículos y libros sus experiencias profesionales. Pero, hasta ahora, nadie había indagado, para su publicación y buscando testimonios directos, la historia conjunta, encadenada generacionalmente, del periodismo hecho por mujeres en España. Y esto es lo que, en primer lugar, hay que agradecer a Inés García-Albi, una periodista multimedia, como ahora se dice para expresar que hace casi «de todo», y que pertenece a una generación joven, pero ya con suficiente experiencia en el ejercicio del periodismo como para saber lo que se trae entre manos.

Que las historias del periodismo español dejen de lado a las mujeres periodistas es algo que, a partir de ahora y de este documento de García-Albi, ya no se podrá hacer. Tampoco servirá, para salvar las críticas, citar en las historias del periodismo español dos o tres nombres tópicos de mujeres que han ejercido esta profesión. García-Albi ha hablado para escribir este libro con varias decenas de mujeres periodistas de este país y todas ellas aportan, en su trayectoria profesional, una parte importante de la historia del periodismo español. Una historia que es más plural de lo que parece. Con un panorama como el que aquí se describe, la historia de las periodistas españolas comienza a tener peso específico por sí misma, como van a comprobar en las páginas que siguen.

No es raro que sea una mujer periodista la que haya tenido, pues, la osadía de bucear en una historia —la del periodismo español— en la que las mujeres lo han tenido, y aún lo tienen, bastante difícil. Lo cual ofrece una versión interna de esta profesión mucho más real de la que habitualmente circula. Que la misoginia más feroz haya dominado las claves de la historia del periodismo español es una de las evidencias más claras —y no menos ocultas tras la grandilocuente excusa genérica de la lucha por la verdad y la libertad de expresión— que afloran de las conversaciones realizadas en este comienzo del siglo XXI para este libro.

Que a una gran parte de los colegas masculinos no les haya gustado la competencia de las periodistas es algo más que una constatación histórica, lo cual ya tiene, por sí mismo, el valor descriptivo de una situación social en la que las mujeres, en el mejor de los casos, han sido tenidas como un ameno florero. Y la alternativa al florero era la del cero a la izquierda, o, directamente, la de «sierva del señor». Aún hoy el tópico perdura, aunque intente disimularse con las mejores intenciones y palabras: el periodismo hecho por mujeres sólo ha logrado —en más o menos ciento cincuenta años y no es poco— que en las redacciones de los medios de comunicación españoles las mujeres sean esas hormiguitas capaces de resolver lo inverosímil y que, a fuerza de ser útiles, ya conformen la mayor parte de la tropa trabajadora y universitaria. Las plazas de «soldado raso» —ellos entienden mejor los términos militares— estaban vacantes y allá han ido ellas.

Nuestros queridos colegas, hombres, han heredado, generación tras generación, un mundo descompensado: ellos mandaban, ellas obedecían. En el periodismo —hay extraordinarias excepciones de hombres periodistas que confían en sus colegas mujeres de las que quiero dejar testimonio clarísimo— ha pasado lo mismo. Aún hoy son ellos, comenzando por los grandes patronos comunicativos de los cinco continentes, los que mandan a base de bien y esto, en periodismo, significa, sobre todo, el poder decidir qué es y qué no es noticia, qué es y qué no es actualidad. Ellos ponen a todo eso un precio contante y sonante. No es poco lo que aquí se está jugando, amigos.

El periodismo, ahora mismo, pone en juego una concepción del mundo muy masculina, hecha con las peores noticias, los máximos sobresaltos, las emociones más fuertes, el impacto sensacional y, en fin, el maniqueísmo más elemental. Todo ello al servicio de la audiencia, hábil eufemismo para designar lo que es un negocio de beneficios medidos, para qué andar con rodeos, en dinero, en *cash*, en poder efectivo. Esta visión masculina del periodismo es la que impera y marca las líneas de trabajo. Y la llamo masculina porque, al menos en España, una gran parte de mujeres

periodistas —lean no pocos testimonios en las páginas
que siguen— son perfectamente conscientes de que tienen que bregar con un corsé —las convenciones masculinas del periodismo— que ahoga su trabajo y limita su pro-
fesionalidad.

Que una periodista pueda decidir qué es o no noticia o
qué marca o no la actualidad es, hoy por hoy, una excepción. Quienes somos ya veteranas en este oficio y hemos
visto como en las redacciones, lentamente, se abrían paso
las mujeres, no podemos dejar de mirar a ese horizonte
profesional en el cual los criterios de selección de la información reflejen otra forma de ver el mundo, de entender la
realidad y de valorar lo que merece ser contado. Este reto
está ahí, agazapado, a la espera de que las generaciones
jóvenes de periodistas de ambos sexos lo agarren, conjunta-
mente, por los cuernos. Es un reto mucho más ambicioso
que internet y todas las maravillas que trae la tecnología
porque afecta al criterio y a la mirada, es decir, a cómo y por
qué elegimos lo que hay que explicar a nuestros conciuda-
danos que son los únicos que hacen legítima nuestra curiosidad, rigor y dedicación.

Si las mujeres a lo largo de la historia, como se cuenta
en este libro, han recorrido la parte más árida del camino,
cabe imaginar que también serán capaces de influir en la
forma de dar a conocer el mundo y las peripecias de quienes lo habitan.

Este libro trata pues de una historia colectiva, de una
historia hasta ahora oculta, llena de aventuras y de escollos
superados. Lo que le cuentan estas periodistas a su colega
Inés García-Albi parece una novela, pero es testimonio real.

El paso del tiempo hace que hoy parezcan inverosímiles algunas de las condiciones en las que han trabajado estas mujeres, lo cual las ha hecho mucho más realistas y humildes que no pocos colegas hombres. El conjunto de miradas de este libro compone una parte inédita y asombrosa de la gran historia de la aventura del periodismo. Una aventura que sigue y en la que las mujeres han de decir y hacer mucho más haciendo valer otra forma de entender la realidad. Que el periodismo está en transformación permanente es un hecho tan cierto —presente siempre en este libro— como que, hasta ahora, la voz de las mujeres periodistas apenas roza los resortes del poder decisorio.

Inés García-Albi ha hecho una tarea impecable. Ha conjugado las voces más dispares mostrando la pluralidad de las mujeres periodistas. Las páginas que siguen están sabiamente ordenadas, mezclando la cronología con la especialidad y la diversidad de resortes del periodismo en el que están presentes las mujeres. La autora ha sido generosa con sus interlocutoras: las deja hablar y ellas lo aprovechan en beneficio del lector que se encontrará con no pocas sorpresas. Lo que ellas cuentan es periodismo desde dentro, un secreto bien guardado que Inés García-Albi administra con la inteligencia y sensibilidad que caracterizan a un relato apasionante.

MARGARITA RIVIÈRE,
periodista

1

Abriendo brecha

Fue en 1901. Recién estrenado el siglo XX. Dicen que ha sido el siglo de las mujeres. Algo, desde luego, estaba cambiando y ella era un ejemplo. Entró segura de sí misma. Era una mujer con carácter. No podía ser de otra forma. Grande, morena. La vida ya le había enseñado que dependía solamente de ella. Y tenía una hija a la que alimentar. Pidió ver a Augusto Figueroa. Venía recomendada por un amigo del director, el padre Ferrándiz, un cura republicano. Su objetivo: entrar en la redacción del *Diario Universal*, que estaba a punto de ver la luz en el Madrid de la época.

—¿Cree usted que me acogerá, padre Ferrándiz? Puede que sea altanero y no le guste la presencia de una mujer en la redacción.

—No lo creo. Una mujer en un periódico es algo... sugestivo. Augusto es un proyectista casi desenfrenado e incorregible. Soñar despierto con sus amigos es una delicia y hay que oírle. Una mujer trabajando en un periódico es buena idea.

Augusto Figueroa recibió a Carmen de Burgos con aquel

mostacho tan lustroso que lo hacía aún más guapo de lo
que ya era.*

Carmen no llegaba con las manos vacías. Sabía que tenía carta de presentación, pero necesitaba algo más, y mos-
tró al director un artículo que había escrito sobre educación, su especialidad. Debió de gustarle porque le encargó
una columna diaria titulada «Lecturas para las mujeres».
Estaba claro que una mujer tenía que escribir para sus iguales. Podía escribir lo que quisiera y así lo hizo: hablaba sobre encajes, sobre los vestidos que lucían las señoras en un
estreno de teatro, sobre literatura, ciencia... Quería que sus
columnas instruyeran a las mujeres, que las alejasen de una
incultura que las mantenía sometidas.

Augusto Figueroa sólo le puso una condición: tendría
que escribir con seudónimo. Así nació Colombine, la primera mujer que llevó el título de redactora, tal y como se
anunció en el primer número del *Diario Universal*. No
había que desaprovechar el reclamo publicitario que significaba tener una mujer entre la plantilla. «Como redactora del *Diario Universal*, se ha encargado de la sección
"Lecturas para las mujeres" la conocida escritora doña
Carmen de Burgos, que firmará con el seudónimo de Colombine.»

Comienza la historia.

Aunque realmente su historia había empezado antes.
Carmen de Burgos (1867-1932) no fue una mujer como
mandaban los preceptos de la época. Nació en Rodalquilar,

* Utrera, Federico, *Memorias de Colombine. La primera periodista*,
HMR Hijos de Muley Rubio, Madrid, 1998.

provincia de Almería, pero en 1901 logró llegar a Madrid. Escapaba de su pueblo y de su vida: se casó a los dieciséis con un periodista doce años mayor que ella, del que se separó. Fue en su pueblo natal, en la imprenta de su suegro, donde aprendió primero a ser cajista de imprenta y más tarde a escribir con las tijeras. Cuando su marido, que debía de ser una buena pieza, desaparecía, ella se encargaba de completar el periódico. El matrimonio acabó como el rosario de la aurora. En aquella época separarse con una hija era un gran escándalo, y más en un pueblo de Almería. Pero ella no se amilanó. Cogió a su hija, sus pertenencias y sus escritos y se marchó a Madrid para independizarse y no escuchar malignos comentarios sobre su vida. Quería triunfar como escritora. Pero lo primero era conseguir un sueldo y un empleo que asegurase su sustento y el de su hija, Maruja. Carmen estudió como alumna libre en Granada, donde obtuvo el título de maestra elemental y en 1898, el de maestra superior. En 1906 consiguió la ansiada plaza en la Escuela de Artes e Industrias de Madrid.

La puerta del *Diario Universal* no era la primera que tocaba Colombine ni mucho menos. Ya había acudido a varias redacciones con sus artículos debajo del brazo. Logró algunos «sueltos» sobre asuntos pedagógicos, jurídicos o frívolos —se suponía que una mujer bordaba los temas frívolos— en *El País, El Globo, Abc* y *La Correspondencia de España*, que le iban dando nombre y currículum, pero poco sustento. Según cuenta Colombine, la escena en casi todas las redacciones era más o menos la misma:

—¿De parte de quién trae usted el artículo?

—Pues de quién va a ser, diablos, y si me deja usted los manguitos seré yo misma la que componga esa pieza, que ya lo hice una vez con mi ex marido en aquella *Almería Bufa*, ¿o es que no conoce usted ese periódico satírico?

Era evidente que no, pero así fui sorteando las sonrisas de siempre, las insinuaciones y las preguntas sobre qué era aquello del ex marido, con las que algunos periodistas me obsequiaban un minuto antes de hacerme las más adorables y aberrantes de las proposiciones, que de todo me encontré.*

Que una mujer escribiera en un periódico no era nuevo, pero sí que ostentara el título de redactor. Antes de Carmen de Burgos, los lectores de los principales diarios madrileños o de provincias podían leer a otras mujeres que vertían sus ideas sobre el papel. Pocas, pero conocidas, más que periodistas eran escritoras o intelectuales. La prensa suponía una salida natural para ellas, que así se daban a conocer, ellas y sus ideas. Como ahora. Escribían sobre todo de temas de mujeres, de los de actualidad que les afectaban directamente y de sus derechos en una época en la que ya se empezaba a cuestionar el papel que les habían impuesto los hombres. Ellas abrieron una brecha por la que comenzarían a colarse otras mujeres.

Entre las pioneras hay que citar a Concepción Arenal. Arenal, que como la mayoría de las mujeres citadas en este libro, intentó escapar del molde impuesto por la sociedad. No era fácil. La educación familiar, escolar, los patrones

---

* Utrera, Federico, *op. cit.*

sociales, las leyes, las lecturas… todo estaba concebido para que las mujeres se convirtieran en mujercitas de su casa o en almas caritativas dedicadas a la beneficencia. Salirse de ese rol dependía del estatus social. Era difícil escapar, pero no imposible porque algunas lo consiguieron. Según cuenta Shirley Mangini en *Las modernas de Madrid*, Arenal asistió a la universidad vestida de hombre a mediados del siglo XIX. Su vida se encauzó cuando en 1848 se casó y tuvo tres hijos. Pero al enviudar se alejó del mundanal ruido durante tres años. No a llorar, sino a estudiar y escribir. Su nombre comenzó a salir en algunos diarios como *La Iberia, Las Novedades* y *La Soberanía Nacional*, e incluso fundó en 1870 un periódico: *La Voz de la Caridad*, donde denunciaba la corrupción existente en los dos campos que ella conocía mejor: el penal y el caritativo.

Arenal trabajó de visitadora de prisiones de mujeres y después como secretaria general de la Cruz Roja de Madrid. Entonces, a raíz de la tercera guerra carlista, acompañó a las tropas a lomos de un burro. Esta experiencia le permitió escribir *Cuadros de la guerra* (1880).* Fue la primera mujer que escribía sobre asuntos bélicos. La guerra era cosa de hombres. ¿Qué hacía una mujer sobre un burro como testigo directo de las batallas? ¡Vamos, qué atrevimiento! Arenal tuvo que oír de todo. Pero debía de estar acostumbrada. Los prejuicios contra ella eran el pan de cada día. E incluso sus admiradores escribían notas como la que publicó Manuel Azcárate en *El Liberal* en 1893 con motivo de su muerte:

* Mangini, Shirley, *Las modernas de Madrid. Las grandes intelectuales españolas de la vanguardia*, Península, Barcelona, 2001.

Doña Concepción Arenal era un ser varonil física e intelectualmente. En lo primero, porque su cuerpo parecía que tenía la resistencia de un hombre para los menesteres de la vida, para los grandes sacrificios de un ejercicio constante de la caridad, para afrontar todos los peligros materiales con resolución. En lo segundo, porque su cerebro tenía la facultad de penetrar en las causas de las cosas con una observación y un espíritu tan viriles que producen verdadero asombro.*

Es decir, ser inteligente era una virtud masculina. No se hable más. ¿Qué mujer en su sano juicio y que perteneciera a una clase acomodada se ponía a trabajar o a pensar en cosas de hombres? Pues un espécimen raro, algo digno de estudio en aquella época. Un marimacho.

Otra mujer que contaba por entonces era Emilia Pardo Bazán (1851-1921), pionera en muchos ámbitos, entre ellos corresponsal en el extranjero. Mandaba sus crónicas desde Roma, París y Venecia. Pardo Bazán, aristócrata y adinerada, era una privilegiada, pero a ella le gustaba escribir. Vivió en sus carnes el machismo imperante cuando no prosperó su entrada en la Real Academia. ¿Acaso se habían vuelto todos locos? ¿Una mujer sentada en la Academia? ¡Hasta aquí podíamos llegar! Y así fue hasta 1979, cuando ingresó Carmen Conde.

Otra precursora fue Concepción Gimeno (1859?-1919), editora, novelista y periodista. En 1871 editó *La Mujer*,

---

* Campo Alange, María, *Concepción Arenal (1820-1893). Estudio biográfico documental*, Revista de Occidente, Madrid, 1973. Citado en Mangini, Shirley, *Las modernas de Madrid, op. cit.*

fundada por Faustina Sáez de Melgar. Gimeno se trasladó a México después de casarse con el periodista Francisco de Paula Falquer y allí fundó *El Álbum de la Mujer*, más tarde rebautizado en Madrid como el *Álbum Iberoamericano*, que duró la friolera de veintiocho años. Gimeno fue, después de Pardo Bazán, la segunda mujer que llegó al Ateneo. Con ellas y con otras como Concha Espina, convivió Carmen de Burgos cuando llegó a Madrid. Al igual que ellas, luchaba contra lo establecido. Maestra de profesión, fue el periodismo el que la dio a conocer.

LOS FOCOS DE LA PRENSA

La proyección social de Colombine no hubiera sido igual en una ciudad de provincias. Madrid y Barcelona eran los centros de impresión de la época: la mayoría de las treinta y cinco rotativas existentes en España en 1902 se concentraban en las dos grandes ciudades. Los periódicos poco a poco se iban modernizando gracias a la mecanización. Nuevas rotativas y linotipias y una plantilla en aumento permitieron que los diarios engrosaran en páginas y contenidos. El precio de cinco céntimos se mantuvo sin variaciones hasta 1920. Por entonces se creó la escuela de aprendices de tipógrafos (Barcelona, 1904, y Madrid, 1905), y hubo cierto debate sobre la conveniencia de que el periodismo fuera universitario, como pidió Leopoldo Alas, «Clarín», en un artículo en *El Español* el 28 de octubre de 1899. Algo se movía en el mundo de la información.

Muy poco a poco, a partir de inicios del siglo XX, algunos periódicos fueron evolucionando hacia estructuras empresariales, al servicio de distintos signos políticos, que incluso contaban con corresponsales en el extranjero. Algo parecido a la situación actual, al menos en lo que se refiere al negocio: grandes tiradas, impacto de sus informaciones e ingresos gracias a un mercado publicitario que comenzaron a mimar.

El poder político y el económico utilizaron la prensa para hacer llegar sus mensajes a la opinión pública. Paralelamente, los intelectuales, gracias a sus colaboraciones en los medios, consiguieron una proyección social hasta entonces desconocida. Junto a la prensa oficial convivía una obrera, tanto anarquista como socialista, con tiradas modestas, pero que iba ganando lectores entre ese nuevo público popular y urbano. Hasta la Iglesia católica se percató del poder de la prensa y en 1904 organizó una gran Asamblea Nacional de Prensa Católica, llamada la Buena Prensa.

Los principales periódicos de la época eran los madrileños: *La Correspondencia de España, El Imparcial, El Liberal, El Heraldo de Madrid*. En Barcelona sobresalía *La Vanguardia*.* En 1905 se les unió *Abc*, en cuyas páginas también colaboró Colombine. *Abc* fue en aquel entonces un diario puntero y moderno, que incorporaba las nuevas tecnologías y daba importancia a la información gráfica —hasta veinte años después no se generalizó el uso de la fotografía— con una red de quinientos colaboradores gráficos a finales de 1906.

* Fuentes, Juan Francisco y Fernández, Sebastián, *Historia del periodismo español*, Editorial Síntesis, Madrid, 1998.

Es ahora cuando comienza la práctica, importada de Estados Unidos, de los concursos y regalos para conseguir más ventas y suscriptores, algo que hoy en día se ha convertido en una pesadilla para los lectores habituales de diarios y revistas. Los departamentos de mercadotecnia estaban ya calentando motores. En su primer concurso *Abc* preguntó a sus lectores quiénes formarían el nuevo gobierno. El que apostara por los políticos vencedores podía llevarse un premio de quinientas pesetas o una joya. En otra ocasión el periódico ofreció un reloj de oro para el que averiguara los garbanzos que contenía un frasco cerrado cuya fotografía aparecía en sus páginas. Pero el concurso que más dio que hablar hasta el punto de tener que suspenderse fue el de las quinientas pesetas: el lector tenía que localizar a una persona que llevaba un sobre con el logotipo de *Abc* visible, que iba a pasear por una calle determinada, comería en un restaurante conocido, por la tarde iría a los toros y a la salida cenaría en otro local de moda. El que se encontrara con el señuelo tenía que preguntarle: «¿Tiene usted las quinientas pesetas del *Abc*?». Si era así, recibía el botín. Ante el entusiasmo que despertó, el gobernador civil se vio obligado a suspenderlo por miedo a una posible alteración del orden público.*

Otro grupo mediático importante era el que encabezaba *El Liberal Madrileño*, leído por un público popular y progresista. Nacido en 1879, contaba en 1901 con ediciones en Barcelona, Bilbao, Sevilla y Murcia. En 1906 se constituyó la Sociedad Editora de España, conocida como El Trust, al

---

* Olmos, Víctor, *Historia de Abc*, Plaza y Janés, Barcelona, 2002.

que se incorporaron los diarios madrileños *El Imparcial* y *El Heraldo*. La presencia y la compra de medios por parte del Trust era tal que levantó ampollas en la competencia. Así por ejemplo en *La Correspondencia de España* se leía: «Este periódico no pertenece al Trust». Pronto otros periódicos le imitaron.

Se fueron creando dos grandes grupos rivales: uno de carácter liberal, con los periódicos integrados en El Trust, y otro de carácter conservador impulsado por Luca de Tena y representado por Prensa Española. Había más periódicos, cada uno con sus tendencias y apoyos. El *Diario Universal* creado por el conde Romanones; *La Prensa,* portavoz de la corriente liberal liderada por Segismundo Moret, y el diario *La Mañana*, representante del sector a la izquierda del Partido Liberal. La competencia estaba a la orden del día. Colombine escribió lo siguiente de *El Sol*:

> Claro que las miserias de los libelos no podían compararse con el acantilado de dignidad que asomaba en la prensa seria, por favor. Al diario *El Sol* lo conocíamos como la derrota de los pedantes porque administraban cautelosamente el sectarismo, nunca declarado, bastándole a la casta superior la aplicación del silencio o la alabanza gris a la labor ajena. Mataban con un elogio tibio y sus portadas eran un mejunje compuesto por orgullo, pesadez y solemnidad. ¡Cuántos lectores no aprendieron en sus páginas a compadecer España! ¡Y cuántas pasiones, secretas o de índole personal, se elevaron a categoría de doctrina, naturalmente infalible!*

* Utrera, Federico, *op. cit.*

Además, como ya se ha comentado, la Iglesia católica se había dado cuenta de que la prensa era perfecta para sus intereses, un púlpito diario en cada hogar más allá de la misa dominical. Y se puso manos a la obra. El núcleo originario de la prensa católica lo constituyó *El Correo de Andalucía* (1899). A su abrigo se desarrolló la Buena Prensa y después una extensa red de publicaciones en diferentes provincias entre las que destacó la *Gaceta del Norte*, creada con aportaciones de la oligarquía vizcaína para contrarrestar la importancia de *El Liberal*. En Madrid, la prensa católica tuvo que esperar hasta 1910, con la aparición de *El Debate*, para tener cierta influencia.

En Madrid, el decano de la prensa republicana fue *El País* (1887-1921), que contenía muy buenas colaboraciones literarias. En Barcelona, destacaron *El Diluvio* (1879-1939), *La Publicidad* y *El Progreso*. Desde luego existía pluralidad.

Pero ¿cuánta gente leía la prensa? Según los datos que en 1913 emitía el Ministerio de Instrucción Pública, cinco publicaciones alcanzaban una tirada superior a los cien mil ejemplares: *La Correspondencia de España, El Heraldo de Madrid, El Liberal, Abc* y el semanario *Nuevo Mundo*. Fuera de Madrid, el periódico con mayor tirada era *La Vanguardia* con 58.000 ejemplares aunque muy pronto pasarían a los cien mil.*

El siglo avanzaba y los intentos modernizadores continuaban sobre todo de la mano del papelero y empresario Nicolás Urgoiti, que ideó, con José Ortega y Gasset, proyec-

---

* Fuentes, Juan Francisco y Fernández, Sebastián, *op. cit.*

tos de empresa modernos con compromiso de calidad, pero que se topó con la oposición de la oligarquía española, que no veía con buenos ojos tanta modernidad. Urgoiti se hizo con el control de varias revistas; contaba con una agencia de publicidad, la editorial Calpe, la agencia de noticias Febos y los diarios *El Sol* y *La Voz*, un vespertino en el que trabajó Josefina Carabias. *El Sol* se convirtió pronto en el periódico de referencia de la izquierda liberal, con una tirada en 1927 de 85.000 ejemplares. Es en esta época cuando vio la luz uno de los diarios importantes en la historia de la prensa española, el vespertino *Informaciones*, por cuya redacción pasaron algunas de las mujeres periodistas protagonistas de este libro. El periódico desapareció en 1983.

Éste es, a grandes rasgos, el panorama de la prensa hasta los años treinta en España. Y es en este ámbito donde se movieron Carmen de Burgos y Josefina Carabias. Ambas vivieron con alegría la llegada de la Segunda República. Un cambio siempre conlleva sed de noticias: nuevo régimen, nuevas caras, nuevas leyes y mucha agitación. Había que contarlo. A la prensa escrita se le unió tímidamente la radio, que comenzó a emitir en 1924, en la que también encontró acogida Josefina Carabias. Fue otra época, en la que ser periodista se convirtió en algo apasionante.

SER PERIODISTA

¿Cómo eran y vivían los periodistas del primer tercio del siglo XX? Por aquel entonces no estaban profesionalizados, ni nada parecido, aunque ya sonaban voces como la de

Azorín que pedían que la profesión tuviera rango universitario:

> La prensa no es una carrera; debiera serlo. Para periodista, cree servir cualquiera. Yo he suspendido a algunos estudiantes que, a poco, redactaban periódicos y publicaban libros regenerando el país. Los jóvenes más distinguidos de las Universidades y de otras escuelas suelen ser los más hábiles para la lucha práctica y prosaica por la existencia. La prensa de buen capital y altos propósitos debiera dar honrosa pero modesta colocación a esta juventud ilustrada, haciendo siempre selección escrupulosa al admitir colaboradores. Nunca me cansaré de decirlo. En España empieza a haber una gran tribuna para la enseñanza popular y no se aprovecha: el periódico [...]. Periódicos, eso lee el pueblo ahora. Pues bien, tanto como el maestro, que pone el medio, el saber leer, importa el periodista, que debe poner el fin, lo que el pueblo debe leer. Y de mí sé decir que cuando se me pregunta qué soy, respondo: principalmente periodista.*

La Asociación de la Prensa Madrileña se inauguró en 1895 con los primeros 177 socios. El siglo XIX se cerró con 651 asociados y, antes de terminar la Guerra Civil, sólo había 19 asociadas. Los periodistas no debían de tener mucha conciencia sindical porque hasta finales de 1919 no se constituyó el primer sindicato, que en Barcelona se integró en el de Artes Gráficas, próximo a la CNT, y en Madrid se vincu-

---

* Leopoldo Alas «Clarín», «Los periódicos», *El Español*, Madrid, 28 de octubre de 1899. Citado en Fuentes, Juan Francisco y Fernández, Sebastián, *op. cit.*

ló a la UGT a través de la Asociación del Arte de Imprimir. Como es lógico, no tardaron en surgir los conflictos entre los sindicatos y las empresas editoras. El 6 de diciembre de 1919 se produjo la primera huelga de periodistas de la historia de España.

La huelga y la política de los empresarios ayudaron al declive de algunos periódicos. Colombine no fue ajena al problema:

> Cuando se acaban las guerras descienden las ventas de los periódicos y el mío se enzarzó en un conflicto interno motivado por esas circunstancias, agravadas incluso con razonables peticiones laborales y un larvado contencioso político. Se produjo un paro total en la prensa para que el Sindicato de Periodistas y la UGT participasen en la negociación sobre fijación de plantillas de redacción y de empleados administrativos. La situación se hizo insostenible. Cristóbal de Castro agrupó a veinte redactores huelguistas, junto a José María Carretero, Tomás Borrás, José de Laserna y Pedro de Répide, y fundaron otro periódico al que se bautizó como *El Heraldo*, a secas, proclamando como ideario «el de don José Canalejas». *El Heraldo de Madrid* presentó una demanda judicial por la usurpación del título, y hubo que cambiarlo por *Hoy*. Eso mismo fue lo que poco más o menos duró el experimento, porque cerró al poco tiempo.*

Las empresas periodísticas no trataban muy bien a sus trabajadores, que se las veían y deseaban para conseguir información y tener un sueldo digno que les permitiera llegar a fin de mes. Colombine también lo sufrió en sus carnes:

* Utrera, Federico, *op. cit.*

A *El Heraldo de Madrid* todos lo consideraban un periódico chantajista, por qué no reconocerlo. Los artículos con firma me los pagaban a 7 pesetas y 50 céntimos y seguían mandándonos a todos los redactores a viajar sin más que el billete de ferrocarril, regalo de las Compañías. Sé que algunos compañeros míos murciaban libros y otros objetos de las casas que visitaban. Lo sé porque de la casa de Pérez de Ayala, con motivo de una interviú, faltó el paraguas de la esposa del novelista, quien escribió al director quejándose de «una disminución de los bienes parafernales».

El sueldo medio de un redactor de un buen periódico de Madrid era entre 150 y 250 pesetas mensuales, pero la mayoría de los periodistas ganaban como mucho la mitad de esa cantidad, es decir, un poco más que un tipógrafo, pero algo menos que un empleado de correos. En 1920 los periodistas lograron el descanso dominical. Poco a poco estos esclavos de la pluma, como los llamaba Lerroux, alcanzaron algunos derechos laborales.

Hubo una excepción: *Abc*. Torcuato Luca de Tena ofreció a sus empleados una estabilidad profesional que no era muy habitual en una época en la que el trabajo no estaba regulado por ningún tipo de contrato y podían ser despedidos sin indemnización. Eso sí, a cambio les pedía exclusividad.

«Aquí tiene usted un puesto para toda la vida», les decía Luca de Tena. Los gacetilleros y redactores de *Abc* recibían un sueldo superior a la competencia. Cobraban tres mil pesetas anuales, es decir, 250 pesetas al mes. El propio Azorín, en una entrevista en *Informaciones* en el año 52, recordaba: «Yo no comencé a ganar dinero de una manera estable y regular hasta que entré de redactor en *Abc*». Y eso que cuando lo hizo ya era un literato reconocido.*

¿LA PRIMERA *SUPERWOMAN*?

Y Colombine, ¿cómo se manejaba en este ambiente? ¿Cómo trabajaba? Carmen de Burgos se dedicó a mil y una cosas para llegar a fin de mes y nunca dejó su trabajo de maestra.

> Colombine, una mujer alta, morena, pálida y gruesa como una valenciana, vestida como de calle, pero con un delantal ceñido al cuerpo, se disculpa por no darnos la mano. Está pelando patatas y dictándole al mismo tiempo a un joven una interviú que acaba de celebrar con Mr. Naquet, el político francés. De cuando en cuando, la periodista deja de dictar y corre a la cocina, donde chirría el aceite.**

A la primera redactora también le costó conciliar trabajo y una vida privada que dio mucho que hablar. Carmen siempre tuvo conciencia de ser una mujer fuera de lo normal. Soportó críticas de toda clase a su aspecto físico, a su vida disoluta, a sus novelas, tildadas despectivamente de literatura femenina. Muchos sólo la conocían por ser la amante de Ramón Gómez de la Serna. La relación duró muchos años, pero nunca quisieron pasar por la vicaría.

* Olmos, Víctor, *Historia de Abc, op. cit.*
** Utrera, Federico, *op. cit.*

De Burgos se rebeló contra el matrimonio. Ella era viuda, no tenía problemas por eso. Pero le preocupaba mucho la cuestión, quizá por la cantidad de mujeres de poca instrucción que se acercaban a contarle sus historias de sometimiento al hombre y que no tenían otra salida que el matrimonio. Ella reflejaba esos testimonios en algunas de sus columnas. Lo cierto es que nunca se le pasó por la cabeza casarse con el escritor. Fue una relación muy comentada en los círculos madrileños, y que duró a pesar de la diferencia de edad (Colombine tenía unos veinte años más que Ramón) y de la oposición familiar (Ramón fue enviado a París). La relación terminó muchos años después, cuando ella se enteró de que Ramón había mantenido relaciones con su hija Maruja.

Como periodista, Colombine utilizó el poder que le daba ser popular para luchar por los derechos de las mujeres (el interés por los temas femeninos es común a muchas de las protagonistas de este libro). Carmen vertía en su tribuna diaria sus ideas e iniciaba campañas y encuestas, con el objetivo de crear conciencia crítica. Una de sus iniciativas más comentadas fue a favor del divorcio. Corría el año 1904 cuando Carmen recogió opiniones sobre el asunto. Su encuesta pretendía movilizar y concienciar a políticos, escritores, artistas y ciudadanos en general a favor de la regulación por ley de la ruptura matrimonial. La iniciativa no pasó inadvertida.

La encuesta fue un éxito, y yo tuve las primeras presiones. El director se encargaba de parar otras que le costaban más de un disgusto y cefaleas. Mis enemigos me llamaron

«la divorciadora» y a alguno tuve que pararle los pies
cuando aludió a mi fracaso matrimonial con cierta sorna.*

Otro de los temas del momento era el voto femenino.
Por supuesto Colombine metió el dedo en la llaga y desde
las páginas de El Heraldo de Madrid lanzó otra encuesta en
1906 sobre el sufragio de la mujer. El resultado fue pesi-
mista, pero no cejó en el empeño y volvió al ataque en 1920:
«Pude comprobar con alegría que la causa femenina ganaba terreno porque muchos habían cambiado de opinión.
Quería ventilar de nuevo la cuestión del voto para la mujer
y me dispuse a iniciar la ronda de consultas». Las respuestas iban llegando poco a poco a la redacción. La correspondencia y las notas manuscritas estaban a la orden del
día como método de trabajo de los periodistas de entonces.
Carmen preguntaba su opinión a los políticos, a gente de la
cultura y a los lectores. El activismo de Carmen de Burgos
dio un vuelco en 1921 cuando decidió que «se acabó la lucha sólo desde la letra impresa. Hay que pasar a la acción
para lograr de una puñetera vez el voto». Y se puso manos
a la obra. Colombine obtuvo la presidencia de la Liga Internacional de Mujeres Ibéricas e Hispanoamericanas, que dirigía Elena Arizmendi y organizaba la Cruzada de Mujeres
Españolas. Y la montó.

Fuimos catorce mujeres tachadas de locas las que la
iniciamos y a mí me eligieron presidenta. Nos presentamos
ante el ministro Montero, titular de Instrucción Pública, y
como primera medida reclamamos que se reconociera a la

* Utrera, Federico, op. cit.

mujer el derecho a opositar que hasta ahora se nos había negado. El ministro se comprometió a atender nuestra solicitud inequívocamente razonable. Semanas después, entre todas montamos la primera manifestación callejera con presencia de mujeres repartiendo panfletos donde se pedía el sufragio. Estábamos convencidas de la justicia de la causa femenina y de que nada existía en la Constitución española que se opusiera al voto. Por eso acudimos a las cortes a presentar nuestra demanda acompañada de un programa de vindicación de todos nuestros derechos civiles [...]. Grupos de mujeres de todas las clases sociales repartimos el manifiesto por la calle y lo presentamos en el Congreso y en el Senado, realizando así lo que se proclamó como el primer acto público de las sufragistas españolas [...]. La prensa difundió fotografías de las mujeres con el manifiesto en la mano, ante las puertas del Congreso y *El Heraldo* llegó a calificar el acto como «el amanecer de un serio movimiento feminista». Había sorprendido a los propios diputados.*

Según De Burgos, el manifiesto fue firmado por miles de mujeres de todas las clases sociales: aristócratas, obreras federadas y una gran mayoría de intelectuales. La movilización fue liderada por Carmen de Burgos, que ya era muy conocida por sus novelas y sus escritos.

Y es que Colombine era muy popular en el mundillo. No sólo por su condición de mujer trabajadora, periodista y escritora, sino porque manejaba a la perfección los mecanismos de relaciones públicas. Sus obras literarias y el trabajo en el periódico le granjearon grandes amistades:

* Utrera, Federico, *op. cit.*

Benito Pérez Galdós, Blasco Ibáñez y muchos intelectuales de la época. La criticaron y la calificaron de trepa; decían que utilizaba a sus amistades para poder publicar. Aún hoy esta crítica es muy común cuando se habla de una mujer con ambición. Carmen sabía qué hacer para promocionar sus obras, y era una mujer activa a la que le gustaba estar en el ajo. Y lo estuvo. Para ello organizó unas tertulias en su casa. Las reuniones literarias en cafés o en casas eran comunes en el Madrid de aquella época. Colombine no fue ajena a la moda y reunió a intelectuales, literatos y poetas, algunos de ellos bohemios, en su vivienda. Las tertulias pronto fueron conocidas como «Los miércoles de la Colombine». Se hablaba de todo: desde la última novela de Pérez Galdós a los chismes de la capital. Las reuniones fueron un éxito. Colombine tuvo que cambiarse a una residencia más grande. Era sin duda una gran anfitriona. Y lo pasaban estupendamente, a juzgar por algunos episodios que cuenta Colombine en sus memorias:

> Hablamos de literatura, de arte, de la libertad del artista, de la relación entre realismo y pornografía [...]. Nombran a Felipe Trigo. Entonces me rebelo y le digo que no nombre a Trigo. Ése es un grosero y además, habla de fantasía... parece que no ha visto nunca a una mujer... ¿Han leído su última novela, *La Bruta*? ¡Pues figúrense ustedes...! La protagonista de la obra, al volver a su casa, después de un encuentro con su amante, se desnuda ante el espejo y agradecida a su cuerpo que le ha hecho gozar, se coge un pecho y se lo besa... Ahora bien... eso es imposible... mi hermana Ketty yo hemos hecho la prueba y es imposible [...].*

* Utrera, Federico, *op. cit.*

También se trataba la problemática de la mujer, por supuesto:

> Es la tragedia de la mujer que escribe... Hemos de ser unas locas o unas beatas de estropajosa, feas y sucias... ¿No han leído ustedes esa crónica de Julio Camba el otro día? Decía que todas las escritoras éramos unos estafermos... que no teníamos pantorrillas, ni tetas, ni na. Y eso será verdad de doña Blanca de los Ríos y Lampérez y Romea... pero no de nosotras... Yo al menos no ando mal de pantorrillas.

El escritor Rafael Cansinos-Assens describía así el ambiente de la casa:

> Colombine sigue en su papel de Colombine. Coquetea con todos. Con Julio Antonio, el escultor, con Barriobero, con José Francés y... con Ramón [Gómez de la Serna], al que trata con dominio maternal... Ramón es todavía un crío al que no se puede tomar en serio... Como que aún su padre no le deja salir por las noches... En cambio, los otros ya son hombres [...]. Según Dieguito, él es quien se lleva la palma. Es un bohemio, no anda siempre bien de dinero; pero ayuda a Colombine traduciendo cosas para Sempere (el editor), que ella firma y cobra... ¡Colombine no da de balde sus favores! [...] El trato con estos nuevos amigos entendidos en arte está educando estéticamente a Colombine, que ya habla de Ruskin y de pintura prerrafaelita y empieza a apreciar la literatura refinada, decadente y simbólica, abandonando su antigua predilección por Zola y Blasco Ibáñez [...]. Carmen se refina. Entre todos la estamos educando... pero es asombroso su don de asimilación. Es una mujer receptiva, en todo el sentido de la palabra.*

* Utrera, Federico, *op. cit.*

Fue, desde luego, todo un personaje. En 1908 fundó la revista *Crítica*, órgano difusor de la Alianza Hispano Israelita, y a lo largo de su vida escribió muchos libros, desde novela y cuentos hasta libros de cocina y otros prácticos para mujeres. Era, como muchas de las periodistas, pluriempleada y viajera: también escribió libros de viajes. Y además fue la primera mujer corresponsal de guerra en España, como se verá en el capítulo 7, «La maleta a cuestas».

Carmen falleció en 1932. Murió como había vivido: en activo, durante un acto en el Ateneo. Sus últimas palabras antes de desplomarse fueron: «Viva la República». Colombine se había ido, pero la puerta ya estaba abierta. Por ella entrarían tímidamente las primeras periodistas.

2

Una periodista moderna

Corría el final de los años veinte. Las jóvenes se cortaban el pelo *à la garçon*, fumaban en público y bailaban el charlestón en algún café concert de moda. Eran los inicios de la sociedad del ocio y del espectáculo. Se admiraba a las estrellas de Hollywood y se escuchaba música en la radio, un medio que cada vez contaba con más seguidores. Algunas atrevidas incluso se planteaban estudiar y trabajar. La llegada de la Segunda República en 1931 trajo, aunque sólo nominalmente, la igualdad. Quedaba mucho por hacer, pero la larga noche franquista truncó el proceso de cambio y se tragó el concepto de mujer moderna. En este contexto surgió Josefina Carabias, la primera mujer que hizo periodismo tal y como hoy lo entendemos. Carabias ha sido el referente de muchas periodistas españolas. Para ellas es LA PERIODISTA, con mayúsculas. Es un caso parecido al que representa, dos generaciones más tarde, Maruja Torres. Josefina fue lo que hoy llamaríamos una periodista estrella. Las fotos de Carabias de ese momento nos muestran a una joven vestida a la moda, con trajes por debajo de la rodilla y con una libreta en la mano o al teléfono pasando una crónica.

Colombine fue la primera mujer que obtuvo el puesto de redactora, pero nunca dejó de ejercer la enseñanza. Además, se consideraba más escritora que periodista. Josefina no. Carabias era ante todo periodista; trabajaba codo con codo con los hombres de la redacción y era, con altibajos, tratada de la misma manera. O al menos eso pensaba ella. Tenía, eso sí, un carácter especial. Todos los que la conocieron hablan de una mujer encantadora. Y, según su hija Mercedes Rico, nunca se ganó un enemigo.

Desde el principio fue muy famosa. Con veintitrés años, en 1931, ya escribía en *Estampa* y le hacían fotos. Se casó en 1936 con José Rico Godoy, que participó en el levantamiento de Jaca, y en el año 39 huyeron a Francia. Vivió el exilio. Pero volvió. Y triunfó de nuevo. Tuvo que esperar hasta 1950 para que le dejaran firmar con su nombre. Mientras tanto, escribió bajo el seudónimo de Carmen Moreno diferentes libros que trataban desde la vida de la emperatriz Carlota de México hasta sus vivencias en la Francia ocupada (en un libro titulado *Los alemanes en Francia vistos por una española* reeditado más tarde con su nombre real). Su historia, su vida y sus deliciosos artículos resumen lo que fue el periodismo en los años treinta y, más tarde, en los cincuenta. En esta etapa siguió rompiendo moldes como corresponsal en Estados Unidos y Francia. El diario *Ya* publicó, a su regreso a España, sus columnas de opinión sobre el cambio político. Josefina Carabias murió en 1981.

Una mujer luchadora

Como la mayoría de las mujeres que «querían sacar los pies del tiesto», Carabias tuvo que luchar contra la oposición familiar. Carabias nació en Arenas de San Pedro (Ávila) en 1908 en una familia acomodada, la segunda de siete hermanos. Su padre, Feliciano Carabias, era un pequeño terrateniente y su abuelo había sido alcalde del pueblo. Pepita, como la llamaban, era una ávida lectora que devoraba todo lo que caía en sus manos, según cuenta su hija, la también periodista Carmen Rico-Godoy, en el prólogo de *Los alemanes en Francia vistos por una española*. La propia Carabias describe, en el retrato que realiza a Pío Baroja en el libro *Como yo los he visto*, una anécdota que refleja lo difícil que suponía el acceso a la cultura para las chicas.

> Admiraba [a Baroja] desde los trece años, cuando leí la mitad de una novela suya, *La dama errante*. Digo la mitad porque cuando alguien se enteró de que la estaba leyendo, me fue arrebatada violentamente.
> —Eso no se puede leer…
> —¿Por qué? Si es muy sencillo —respondí ingenuamente, porque de veras admiraba la llaneza de aquel libro que contrastaba con la rimbombancia de los demás, realmente escasos, que yo podía conseguir en Arenas de San Pedro.
> —Pues no se puede leer porque es un libro prohibido.
> Hasta entonces yo tenía la idea de que los libros prohibidos eran solamente las novelas verdes o pornográficas.

A pesar de las trabas y prejuicios que tuvo que vencer, consiguió cursar bachillerato, gracias a un primo suyo, que llegó a Arenas para estudiar oposiciones.

«Mi madre estaba todo el día merodeando y fisgando a mi lado hasta que un día se hartó y me dijo: "Siéntate, que vamos a estudiar los dos cursos que te faltan". Y lo hizo. En cambio, mi abuela sacó a mi madre del colegio porque estaba muy presionada por su confesor, al que le parecía atroz que una chica de catorce años estudiara bachiller y fuera al colegio. Sólo iban tres chicas, que tenían que llevar unas batas hasta los tobillos. Las otras eran huérfanas e hijas de campesinas; que asistieran al colegio no importaba, pero que acudiera una señorita como ella, no podía ser. Cuando volvió con el título de bachiller causó el mayor disgusto que podía haber dado a sus padres. Fue una vergüenza. Fíjate cómo han cambiado las cosas», cuenta su hija Mercedes Rico-Godoy, que ha abierto puertas a contracorriente como su madre, y ha sido la primera mujer designada embajadora de España. Actualmente es directora de Asuntos Religiosos.

Obviamente, ella y su hermana Carmen no tuvieron los problemas de su madre a la hora de estudiar. Josefina Carabias acababa de salvar el primer escollo: tenía su título de bachiller. Más duro fue convencer a su familia para que la dejaran ir a Madrid a estudiar Derecho. Pero también lo consiguió. Durante su primer año universitario, 1926, fue a un colegio de monjas, pero después logró entrar en la Residencia Internacional de Señoritas, fundada por María de Maeztu en 1915. Esta residencia era un símbolo de los nuevos aires que soplaban para la mujer. Comenzó con tres residentes y en 1932 albergaba ya 350 huéspedes, en una Universidad que contaba con 1.010 alumnas. Poco a poco las mujeres se iban animando. Sólo habían pasado treinta años desde que María Goyri se había empeñado en estudiar Derecho. No tuvieron más remedio que dejarla porque en España no estaba prohibido por ley que las mujeres accedieran a la enseñanza universitaria; pero cuando acababa la clase era acompañada por el profesor de turno hasta el decanato, donde se la encerraba hasta la siguiente clase.

Josefina Carabias disfrutó del Madrid de la dictadura de Primo de Rivera, de sus cafés y de las tertulias interminables. El Madrid cultural de la época era apasionante. Pepita se hizo socia del Ateneo, uno de los centros de mayor relevancia cultural de la época. Allí conoció y trató a Valle-Inclán, Manuel Azaña, Maeztu, Indalecio Prieto... Cuenta César González-Ruano en sus *Memorias* que el Ateneo de principios de los años veinte tenía un extraño ambiente entre pedantón, golfo y político y que «las intelectuales eran pocas y más bien feas y había mucho fracasado y ambiente de oficio». Pocos años después la atmósfera había cambiado. Carabias asegura que en el año 29 hubo una importante presencia de muchachas jóvenes, la mayoría estudiantes, pero también algunas profesoras, escritoras y poetisas.

Su hija Carmen Rico-Godoy cuenta en el prólogo de *Los alemanes en Francia vistos por una española* que la vida de su madre se repartía entre la Universidad Central de la calle San Bernardo, la residencia y el Ateneo, y alguna escapada ocasional a bailar tangos o charlestón. Se cortó el pelo *à la garçon*, empezó a no comer para estar guapa y estilizada. Su otra hija, Mercedes, relata que Carabias se tuvo que poner a trabajar porque sus padres no le ayudaron, ya que además de no tener muchos posibles no estaban muy contentos con la vida que llevaba su díscola hija.

A Josefina Carabias no se le había ocurrido ser periodista: «Yo no era periodista. Ni pensaba serlo. Me habría gustado escribir. Pero ¿para qué intentar algo en un campo en el que ya estaba todo hecho? ¿Cómo pensar en publicar un libro en un país donde había escritores como Valle-Inclán, como Baroja, donde los había habido como Galdós?», reflexionaba en su libro *Azaña. Los que le llamábamos Don Manuel*. El empujón se lo dio un primo segundo, Vicente Sánchez Ocaña, que le ayudó toda la vida y con el que mantuvo una buena amistad.

En el periodismo hay muchas historias similares. Pocas mujeres han entrado a los medios a través de un anuncio, la mayoría ha llegado a través de contactos y casualidades. Sánchez Ocaña pidió a Pepita que escribiera algo sobre la residencia y las estudiantes de la Universidad para la revista de actualidad *Estampa*, que él dirigía. Su primera pieza gustó y le encargaron más. *Estampa* nació en 1928, y en 1931 tiraba unos 200.000 ejemplares.* Josefina opinaba que la revista *Estampa* venía a ser para las familias lo que es ahora la televisión y que gustaba por igual a padres, hijos y abuelitos. Carabias fue cogiéndole el gusto al oficio y lo mismo escribía sobre las citadas estudiantes, que la enviaban a El Escorial para que contara cómo descansaban los hombres de la República. O entrevistaba a los protagonistas de la sublevación de Jaca y se lanzaba a viajar por toda España para un amplio reportaje sobre el voto femenino. Escribía bien y con gracia. No es de extrañar que ese mismo año comenzara a publicar en el diario *Ahora*, del mismo grupo que la revista.

* Fuentes, Juan Francisco y Fernández, Sebastián, *op. cit.*

Era una todoterreno. La especialización del periodismo llegó mucho más tarde. Antes los redactores lo mismo valían para un roto que para un descosido. Al igual que Carmen de Burgos, Carabias hizo reportajes y encuestas sobre el voto femenino y la pena de muerte, entrevistó a las mujeres del momento como Victoria Kent y a los hombres de la República, contó lo que ocurría en las tierras expropiadas a los latifundistas en manos de colectividades de campesinos y se hizo pasar durante ocho días por camarera de un hotel de lujo madrileño. Su incipiente prestigio y su buen hacer la llevaron en 1932 a la redacción de *La Voz*, diario del grupo al que pertenecía *El Sol*, periódico de referencia de la izquierda liberal. *La Voz* era un diario popular, vespertino, de tono ameno, que nació en 1920, y que al final de esa década tiraba 130.000 ejemplares. Cuenta Josefina que, cuando ella empezó, el diario llegaba a los 300.000 ejemplares y se vendía muy bien en provincias (un 45 %). Tal y como se hacía entonces, *La Voz* se gritaba en la calle a las nueve de la noche, se lanzaba otra edición a la una de la madrugada para la salida de los espectáculos y seguía vendiéndose a las cuatro de la madrugada, cuando se retiraba a casa la clientela de los cabarets.*

Además, Josefina continuó colaborando en otros medios. Había que ganarse la vida. Durante un tiempo muy corto trabajó en Unión Radio, en el informativo de primera hora, a las ocho, «el Iñaki de entonces. Le gustaba la radio —explica Mercedes—. Decía que era una maravilla estar a las nueve de la mañana en la calle con el sueldo ganado y

* *Ibid.*

así poder ir a las tertulias y a los cafés. Pero no aguantó los madrugones. Al cabo de la semana, estaba muerta de cansancio. La sustituyó un compañero, padre de familia numerosa, que murió de un infarto después de trabajar siete días. Eso, para ella, constituyó la prueba de que resultaba inhumano».

Josefina fue el símbolo de una sociedad que estaba cambiando, donde la mujer adquiría protagonismo e iba tomando posiciones muy lentamente. Durante la República, dio un paso considerable: no sólo obtuvo finalmente el derecho al voto, sino que empezó a estar presente en la vida social, cultural y profesional del país. Carabias era consciente de ser la primera mujer que trabajaba en una redacción. ¿Cómo era el ambiente que reinaba en los diarios? Lo cuenta en sus *Memorias* César González-Ruano al describir la redacción de *El Heraldo de Madrid* en el año 29, cuando él entró:

> La gente de *El Heraldo* era alegre y disparatada. No se podía preguntar a nadie de dónde venía y hubiera sido locura saber adónde iba. La cosa es que, dentro de un fabuloso desorden, todo marchaba bien, y el periódico, hecho con cuatro cuartos y unas gentes dormidas y medio borrachas, se vendía como agua entre el gran público y también era leído por los intelectuales. Como cuartel general tenían el Café de Castilla, en la calle de las Infantas [...]. Todo el mundo vivía a salto de mata, pero aún era un Madrid insensato y alegre en el que los problemas aparecían después de comer. No existía esa tristeza de ahora que hace entender a los hombres de toda Europa del precio del aceite y de las patatas. En *El Heraldo* se cobraba por

semanas, los sábados. Bonita precaución de la empresa de los Busquets, propietarios también de *El Liberal*, para que en caso de despido se abonaran semanas de indemnización en vez de meses.

UNA VIDA APASIONANTE

Aquel Madrid de la República tenía un ritmo intenso y apasionante. Los periodistas estaban en la calle, sabían dónde encontrar al protagonista de su noticia, conocían los cafés que frecuentaban los escritores, los paseos que daba un ministro o dónde vivía Valle-Inclán, por poner un ejemplo.

Así lo narra Carabias en su libro *Como yo los he visto*:

> Al igual que los jóvenes de mi época —chicos y chicas—, estaba seducida por los intelectuales de entonces y ansiaba ver de cerca alguno. No era difícil, los intelectuales de la gran clase abundaban entonces en Madrid. Toda la generación del 98 estaba viva y todos aquellos hombres frecuentaban los cafés, los teatros y andaban a pie por la calle; además ninguno vivía encerrado en un ambiente propio sino que todos tenían grandes cantidades de amigos. Había pobres tipos que, cuando menos lo pensaban, podían encontrar a alguien —a lo mejor otro pobre tipo— que le presentara a Azorín, a don Antonio Machado, a don Jacinto Benavente. No era nada difícil entablar conversación con Pío Baroja en los puestos de libros viejos de la calle Claudio Moyano e incluso llegar a conocer al doctor Marañón o a don José Ortega y Gasset, a pesar de que éstos frecuentaban menos la sociedad bohemia y apenas podía vérseles como no fuera en una conferencia.

Josefina se hizo muy famosa. «Era como si ahora te dan un programa de televisión. Le hacían entrevistas, salía fotografiada, pero no sólo para el gran público. Los políticos y la gente de la cultura también la conocían. El trato con ellos era más directo, más cercano al de ahora. Lo mismo la buscaban para un reportaje sobre lo que sería el año 2000, o le pedían opinión respecto a la soltería», reflexiona su hija Mercedes. Carabias era una asidua al Congreso de los Diputados, en un momento, como ella dice, en que cada sesión era histórica y era de las pocas caras femeninas que andaba por los pasillos:

> El ministro [Largo Caballero] abandonó el balcón y vino hacia nosotros. También él me conocía de verme en los pasillos del Congreso donde la presencia de mujeres, aparte de las dos diputadas, Clara Campoamor y Victoria Kent —Margarita Nelken apareció meses después porque ganó el acta de Badajoz en una elección parcial—, era escasísima. No había mujeres entre los taquígrafos y creo que tampoco funcionarias. A pesar de que aquellas Cortes eran más turbulentas que las de ahora, el ambiente en los salones, en los pasillos y en el bar, era mucho más tranquilo. Los periodistas que hacíamos información allí no pasaríamos de docena y media. Algunos más los días de gran debate. Salvo que se hubiera producido un acontecimiento de alcance nacional, los ministros circulaban por los corredores y salones sin que nadie se acercase. Igual ocurría con los diputados. No se observaban tantas prisas ni tantos conciliábulos como ahora, ni se les pedían constantemente declaraciones. Don Miguel de Unamuno podía tomar tranquilamente su chocolate sin que le retratasen. Había ratos en que los salones y pasillos estaban muy

tranquilos, casi desiertos. Aunque no pasara dentro del hemiciclo nada importante, los diputados y muy especialmente los socialistas, no se movían de su escaño. ¡Para eso cobraban mil pesetas!*

Hay otra anécdota que ilustra perfectamente lo que significó Carabias y su fama. La cuenta ella misma en su libro sobre Azaña. Ocurrió en el viaje oficial que llevaba al presidente a Cataluña para aprobar el Estatuto de esta región. El de entonces, no el de ahora. Era un viaje oficial que despertó mucho interés, por lo que la prensa viajaba con él en el tren.

El tren especial en que viajaba Azaña con varios de sus ministros —Indalecio Prieto, a pesar de ser ministro de Obras Públicas, del que dependían los ferrocarriles, no quiso ir—, numerosos diputados, altos cargos y algunas otras personalidades relevantes en la vida nacional, salió de la estación madrileña de Atocha la noche del 23 de septiembre, entre algunos abucheos, que fueron ahogados por los aplausos y los «vivas» de los simpatizantes. El convoy se componía de una larga serie de coches-cama, un vagón restaurante y otro de primera clase que iba a la cola y llevaba un letrero que decía PRENSA. Algunos compañeros que solamente habían ido a la estación para «cubrir» la salida, nos gastaban bromas a los que hacíamos el viaje:

—Eso se parece mucho a los antiguos trenes especiales que llevaban a la cola un vagón en el que ponía SERVICIO.

En realidad, ni hasta entonces ni después se han puesto en los trenes especiales cabinas-camas para los periodistas. Pero como los catalanes lo habían organizado todo

* Carabias, Josefina, *Azaña: los que le llamábamos Don Manuel*, Plaza & Janés, 1980.

muy bien hasta en los menores detalles y, como pudimos ver después, «echando la casa por la ventana», algunos esperaban que la Prensa no sufriría aquel trato discriminatorio tan evidente. ¡A la cola, sentados toda la noche y encima con un letrero!

Pero, ¡había que hacerse cargo! Nosotros éramos muchos, aunque no tantos como los otros invitados que, además, iban la mayoría con sus esposas. Sin embargo, yo no podía quejarme. Tan pronto como subí al tren, el empleado que estaba a cargo de aquel vagón me preguntó:

—¿Usted es la señorita?

—¡Hombre…! Parece que no hay duda…

—Pues sígame, porque usted va en cama.

—Entonces, ¿tengo que pasar a los otros vagones de delante con los personajes?

—No. Es que en el centro de este vagón de asientos hay un *single*, tan bueno como los otros y me han dicho que es para la «señorita periodista».

¡Qué detalle de la organización! No les parecía bien separarme de mis compañeros; pero al mismo tiempo, quisieron mostrarse delicados conmigo y habían buscado un vagón que disponía de una cabina-cama. No habría muchos más. Al menos yo no había visto ni he visto después ningún otro.

A pesar de su éxito Josefina tuvo que luchar lo suyo, y vivió algún que otro episodio protagonizado por el hecho de ser mujer. La sociedad republicana había avanzado, pero ya se sabe que los cambios sociales tardan en llegar y en afianzarse. La Constitución era muy moderna, pero había que organizar las leyes complementarias. No bastaban los principios generales, hacía falta el resto del cuerpo. Y Carabias lo vivió en sus carnes, tal y como lo cuenta en *Crónicas de la República*:

Quedó dispuesto en la Constitución que no podría establecerse ninguna discriminación por razón de sexo. Es decir, que la mujer tendría los mismos derechos políticos y civiles que el hombre. Lo de los derechos políticos fue más fácil, puesto que la prohibición había nacido de la costumbre más que de la ley. Pero los derechos civiles no podían salir adelante mientras no se reformase el Código, cosa que iba para largo.

A mí me ocurrió a ese respecto algo muy curioso que me enfureció mucho. Necesitaba un pasaporte para hacer el viaje a los Marruecos —español y francés— por cuenta del periódico. El comisario de la calle Leganitos, que era donde se conseguían los pasaportes, me lo negó. Necesitaba autorización paterna.

—Acabo de cumplir la mayoría de edad —le dije.

—No importa. Si fuera usted un hombre se lo daría solamente con la partida de nacimiento, si no hay inconveniente militar. Pero tratándose de una mujer, no puedo. Necesita tener usted veinticinco años y, aun así, hay que cumplir con algunos trámites. Hasta esa edad, no se puede abandonar la casa paterna. ¿Y si tratara de casarse? ¿Quién me asegura a mí que no quiere ese pasaporte para casarse en otro país? Eso no puede hacerlo a ninguna edad sin permiso de los padres aunque tenga cuarenta o cincuenta años, a menos que el juez le conceda el derecho de depósito.

—Todo ese repertorio ya me lo sé, señor comisario. He estudiado Derecho. Pero las cosas ya no son como antes. ¿No se da usted cuenta de que yo podría ser diputado, podría ser ministro y no digo que podría ser presidente de la República porque creo que para eso se exigen cuarenta años...?

—Lo sé. Pero la ley es la ley. Y yo sin permiso de su papá no le doy a usted el pasaporte.

Al final llamó a su padre, que se trasladó a Madrid desde Arenas de San Pedro para que su hija pudiera viajar. En opinión de Mercedes, su madre tenía bastante conciencia de que estaba rompiendo moldes y encontró, aunque nunca habló de esto, cierta incomprensión. Además, le encasquetaban los temas considerados femeninos, lo que le sentaba fatal. Hay algunas anécdotas que ella misma narra en sus libros que demuestran que tuvo que aguantar ciertos comentarios y que dejan entrever algunos de sus problemas. Carabias escribía con mucha ironía y le quitaba hierro al asunto, pero dejaba constancia de lo que le pasaba.

En la crónica que hace de una tarde en San Rafael en la revista *Estampa* de 1931, titulada «Lerroux, teniente y ganadero», cuenta que Alejandro Lerroux, ministro y líder del partido Alianza Republicana, le espetó mientras iban a visitar su finca: «Le gustará muchísimo. Todas las mujeres, por muy modernistas que sean ustedes o que pretendan ser, aman el campo y han soñado alguna vez con una casita donde poder tener palomas y gallinas, ¿no es verdad?».*

Y hay más ejemplos: su primer encuentro con Unamuno cuando se lo presentaron en el Ateneo siendo ella estudiante.

* Carabias, Josefina, *Crónicas de la República*, Temas de Hoy, Madrid, 1997.

Yo pensé que una vez que me hubiera dado la mano, Unamuno seguiría con su perorata y que no se ocuparía más de mí, pero, por desgracia, ocurrieron las cosas de muy diferente manera. Entre la expectación de los presentes, Unamuno se volvió hacia mí, me miró de pies a cabeza deteniéndose especialmente en la voluminosa cartera llena de libros y papeles que yo llevaba en la mano, así como en la pluma estilográfica que salía de mi bolsillo, y después me dijo con una voz lo bastante alta para que no se perdieran ni una palabra los papanatas del corro:

—Yo en esta cuestión del feminismo tengo mis ideas. Hace ya bastantes años, estando sentado aquí mismo con doña Emilia Pardo Bazán, le dije lo que pensaba del asunto. Y... ¿sabe lo que le dije?

Yo, la verdad, no tenía el más mínimo interés en conocer los términos de aquella conversación antigua que don Miguel intentaba resucitar porque me estaba oliendo, dado el tono en el que él había pronunciado la palabra «feminismo», que se trataba de alguna frase ingeniosa y sin duda certera pero irremediablemente destinada a ponerme en ridículo [...]. Don Miguel prosiguió:

—Pues sí... estando yo una tarde aquí sentado con la Pardo Bazán y hablando del feminismo y de las actividades intelectuales de las mujeres yo le dije: «Desengáñese usted, doña Emilia, las mujeres han venido al mundo exclusivamente para concebir, gestar, parir y amamantar. Cuando pasen sin hacer ninguna de estas cosas otros tantos siglos como llevan haciéndolas, entonces habrá llegado el momento de que procreen con el entendimiento, que es lo que ahora intentan vanamente hacer».

No hay que decir que la frase fue celebradísima por la concurrencia. Los papanatas, acostumbrados incluso a reírse sin ganas solamente por ser gratos a don Miguel, acogieron aquello, que mirándolo bien podía tener cierta gracia, con carcajadas indescriptibles. Algunos salieron disparados solamente por el gusto de contar los primeros la ocurrencia a otros grupos [...]. Por mi parte hubiera querido que la tierra se abriese y nos tragase a todos en aquel momento, que estallase la revolución, que se hundiera el Ateneo o que vinieran los guardias a clausurarlo como ya había pasado antes.*

Los episodios de este tipo fueron múltiples, y desgraciadamente hoy por hoy siguen siendo actualidad.

En el año 1936, cuando el Gobierno dejó Madrid, ella y su marido salieron de España. Años después, en 1943, Pepita regresó a la capital con su hija Carmen. Y allí comenzó su segunda fase como periodista, un período que analizaremos en el siguiente capítulo. Al mismo tiempo, dos colegas de Josefina ejercían el periodismo en Barcelona.

MADRID 1, BARCELONA 2

Barcelona representaba el otro foco de la prensa española. En los años treinta la Ciudad Condal tenía diecinueve cabeceras, trece en castellano y seis en catalán. Casi cada partido contaba con su órgano propagandístico. Durante la guerra algunas desaparecerían y otras serían confiscadas. La más importante fue, sin duda, *La Vanguardia*, fundada en 1881 por la familia Godó. Allí entró de redactora en 1924 María

---

* Carabias, Josefina, *Como yo los he visto*, El País Aguilar, Madrid, 1999.

Luz Morales, en la sección de cine. A veces firmaba con el seudónimo «Felipe Centeno» porque pensaba que era más fácil resolver algunos compromisos con nombre masculino. María Luz fue directora de la revista *Hogar y Moda*, y además colaboraba en *El Sol*, donde se encargaba de la sección «La mujer, el niño y el hogar». Lo normal: una mujer a cargo de cosas de mujeres.

El 18 de julio de 1936 los condes de Godó, propietarios de *La Vanguardia*, se encontraban en el pueblo costero de Caldetas. El 19 de julio salieron hacia el extranjero. Como pasó en otros diarios, un comité obrero tomó el control del periódico. El director, Gaziel, fue sustituido por el comité. El 7 de agosto de 1936 una nota publicada en el rotativo decía: «*La Vanguardia*, de acuerdo con la tendencia social y económica que inspira al Gobierno de Cataluña, se halla actualmente controlada por un Comité Obrero, integrado por representantes de la Redacción, Talleres, Administración y demás secciones de la misma. Entre los acuerdos que en los primeros momentos adoptó este comité figura nombrar para los cargos de director y administrador a María Luz Morales y Carmelo Avellá, respectivamente».*

María Luz Morales se convirtió en la primera directora de un diario. Pero no cantemos victoria. Todavía no estaban preparados para ello. El nombramiento de Morales se produjo en unos momentos de tensión. Seguramente la consideraron inocua y por eso la nombraron, en opinión de Carlos Sentís, un veterano periodista, que entre otras cosas ha

---

* Nogué, Anna y Barrera, Carlos, *La Vanguardia. Del franquismo a la democracia*, Editorial Fragua, Madrid, 2006.

sido corresponsal, presidente de la agencia Efe y director de Tele/express y Radio Barcelona, y que aún hoy, con más de noventa años, escribe semanalment en *La Vanguardia*.

Fue Antonio Martínez Tomás quien ofreció la dirección a Morales. Martínez había montado la delegación de *La Vanguardia* en Madrid y cuando estalló la guerra volvió a Barcelona, donde el comité le encargó la jefatura de la redacción. Morales se encontraba enferma en su casa cuando fueron a buscarla. La invitación la sorprendió, claro. Dijo que no, que no era su lugar. Le dieron veinticuatro horas para pensárselo. Mari Luz se dejó aconsejar por sus amigos, que le dijeron que no estaba el horno para bollos y que era peligroso negarse. Hizo lo único que podía hacer: aceptar. Pero puso como condiciones que sólo haría periodismo y que su cargo sería provisional. Estuvo seis meses y mantuvo el sueldo de redactora. Al cabo de este tiempo Morales propuso a Paulino Masip como sustituto y ella continuó como redactora del diario. Morales fue detenida al terminar la Guerra Civil por haber sido directora del diario durante el período «rojo». Permaneció cuarenta días en la cárcel y estuvo imposibilitada para firmar con su nombre durante mucho tiempo. En 1948 entraría a trabajar como crítica teatral en el diario barcelonés. Su currículum se completaría en la Editorial Salvat dirigiendo las enciclopedias Universitas y Salvat y la revista *Lecturas*. Años más tarde creó la editorial Surco, donde tradujo entre otras cosas novela policíaca de la época. En 1971, cuando celebraba sus bodas de oro con el oficio, recibió los premios Godó de periodismo y Eugenio D'Ors, de la Asociación de la Prensa de Barcelona.

A pesar de sus seis meses de mandato, Morales no fue una directora de papel. Introdujo algunas páginas especializadas de arte, literatura, cine («La pantalla») y teatro («La escena»), y emprendió una reforma tipográfica. *La Vanguardia* terminó el año 36 con unos beneficios de 1.382.550 pesetas. No le faltaron momentos de tensión, como cuando se negó a publicar un editorial con insultos a unos generales fusilados porque consideraba que iba contra los criterios del periódico.*

Durante los años treinta destacó también Irene Polo. Según Sentís, era la única periodista todoterreno que trabajaba en Barcelona. Había otras que escribían, además de Morales, pero en columnas de temas de mujeres u opinión. Irene Polo colaboraba en diferentes periódicos. Escribía en catalán. Al igual que Carabias, realizó muchos reportajes y crónicas femeninas sobre moda, voto de la mujer o vida cotidiana. Eran los temas del momento. Irene no tenía estudios, fue autodidacta. Desde muy joven tuvo que trabajar para mantener a su madre y a sus dos hermanas pequeñas.

La firma de Polo aparece por primera vez en 1930, en la revista *Imatges*, donde colaboró unos meses antes de su cierre. Polo escribía sobre cine o sobre cómo había perseguido a Cambó para conseguir cuatro palabras. Antes de dedicarse de lleno al oficio, Polo había trabajado en una pequeña empresa y en una productora cinematográfica. En 1931 comenzó a colaborar en el diario *L'Humanitat*, un vespertino que en 1933 se convirtió en portavoz oficial de

---

* Huertas, Josep M.ª, *Una història de «La Vanguardia»*, Angle Editorial, Barcelona, 2006.

Esquerra Republicana. Allí Polo se especializó en entrevistas —Clara Campoamor, Imperio Argentina, etc.— para la contraportada. Pero ese trabajo no era en exclusiva. Había que ganarse la vida y los sueldos resultaban bajos. Polo escribió también sobre moda en el semanario *La Rambla*, donde se encargó de la página femenina. Al igual que Carabias, tenía un estilo directo y utilizaba mucho la ironía. Por aquel entonces, las periodistas eran más protagonistas en sus artículos que ahora.

A partir de 1932, con motivo de las elecciones al Parlamento de Cataluña, Irene Polo dio un salto difícil en la carrera de las primeras profesionales: saltó de las páginas femeninas a las políticas, en las que asumió el compromiso de denunciar las condiciones de vida de los trabajadores, de los mineros y los inmigrantes. Su firma aparece en *L'Opinió*, que en aquella época recogía la opinión del Partit Nacionalista Republicà d'Esquerra, en la sección de trabajo. Polo se implicó en el tema y colaboró en la creación de la Agrupación Profesional de Periodistas, una asociación de aire sindical de la que fue vicesecretaria hasta 1935. Sus trabajos sobre los conflictos de la minería, de la construcción y del puerto y su denuncia de las manipulaciones por parte de la CNT-FAI le crearon enemigos dentro del sindicato. *Solidaridad Obrera*, órgano de la CNT, le dedicó este artículo:

> Irenita es fresca como su apellido. Ya tuvo el atrevimiento (no queremos decir poca vergüenza, por respeto al sexo) de presentarse en el Sindicato del ramo de la construcción para hacer una información (¡bueno, esto de la información es un decir!) sobre el conflicto que estos ca-

maradas tienen planteado… Doña Irene, la fiera corrupia de las Ramblas, que por su hermosura ostenta el título de «Miss Opinió», ha visto los colmillos de la FAI. Doña Irene, ¿no se la tiraron a usted por la ventana? Es que aún tenemos educación. Lo cortés no quita lo valiente, maca dona de las grandes gafas.

Estas palabras no dejan lugar a dudas. Polo sufrió el machismo de la época a pesar de que Carlos Sentís asegura que se la trataba como a una más en la profesión y que estaba muy integrada. Cuando cerró *L'Opinió* —se abrían y cerraban periódicos con mucha facilidad—, Polo comienza a trabajar en la redacción de *L'Instant*, un diario vespertino con vocación de independencia política, donde hará reportajes sobre todo de política catalana y donde se topará con la censura, a la que dedicará algunos artículos. En 1935 escribió artículos de opinión en una columna titulada «Apunt», pero cambió a *Última Hora* (con Lluís Companys como propietario), un diario innovador que pretendía practicar un periodismo ágil y moderno. Su encuentro con Margarita Xirgu cambió su vida radicalmente, al aceptar irse con ella de gira por América como encargada de prensa. Este viaje dio pie, cómo no, a toda clase de comentarios sobre las inclinaciones sexuales de la periodista. Abandonó Barcelona y el periodismo unos meses antes de comenzar la Guerra Civil. Antes de partir hacia América, los compañeros de la prensa barcelonesa le ofrecieron una comida de homenaje a la que asistieron unas cien personas, la mayoría periodistas, pero también gente de la política y la cultura. En ese momento tenía veintiséis años. La reseña de la comida aparece en casi todos los medios, lo que refleja la importancia y lo conocida que era Irene Polo en su ciudad. La periodista se quedó en Argentina trabajando como traductora y como jefa de publicidad de una empresa de perfumes. En abril de 1942 se suicidó en Buenos Aires.*

* Polo, Irene, *La fascinació del periodisme*, Quaderns Crema, Barcelona, 2003.

3

Prohibidas las palabrotas

Los vencedores de la Guerra Civil no querían saber nada de la mujer trabajadora ni de diarios críticos con el régimen. La censura estaba a la orden del día y nuestras protagonistas la vivieron en sus carnes. Los avances respecto a la libertad de la mujer que se habían conseguido durante la Segunda República se borraron de un plumazo. Esas modernidades extranjeras había que olvidarlas, eran culpables de fomentar la autonomía femenina, que no hacía más que traer el desorden, el desarreglo y la masculinización. Ya lo decía el falangista Jiménez Caballero en *Secretos para la Falange*, cuando explica lo que hacía posible la existencia de milicianas:

> De ahí que aquellas instituciones republicanas del Lyceum Club y de las niñas universitarias, deportistas y poetisas, se esforzasen por hacer a la mujer española olvidar la milicia de la vida íntima, instigándola a fumar, a desnudarse y a jugar a la pelotita por la playa, empujándola a hacerse miliciana.*

* Citado en Nielfa Cristóbal, Gloria (ed.), *Mujeres y hombres en la España franquista: sociedad, economía, política y cultura*, Universidad Complutense, Madrid, 2003.

¿Qué era eso de la igualdad entre hombre y mujer? Otra modernidad de la República. Nada bueno podía traer. Mucha educación era lo que necesitaban, pero de la nuestra, claro. A la mujer, pocas letras, no fuera a convertirse en intelectual. Cuantas menos hubiera de éstas, mejor. El nivel cultural y educativo de la población femenina retrocedió. El objetivo del régimen era recluir a las mujeres en su casa, de donde no tenían que haber salido, o lo que es lo mismo, en palabras de un ideólogo del franquismo: «Encauzar la gran corriente de estudiantes, apartándolas de la pedantería feminista de bachilleras y universitarias que deben ser la excepción, orientándolas hacia su propio y magnífico ser femenino que se desarrolla en el hogar».*

Y hay que reconocer que no tardaron mucho en ponerse a la labor. En el Fuero del Trabajo de 1938 ya queda estipulado que la mujer se quede en casa y se deje de modernidades: «El Estado libertará a la mujer casada del taller y de la fábrica». Con una legislación adecuada y una educación acorde con sus principios, el nuevo Estado fue alejando a las mujeres, sobre todo a las casadas —que necesitaban el permiso del marido—, de los lugares de trabajo. Y las que trabajaban ganaban menos. La discriminación salarial estaba a la orden del día. Una discriminación que aún perdura y que, según las últimas estadísticas, se establece en unas diferencias de salario de un 20 %.

Juana Ginzo fue una de las voces más populares del plantel de actores de Unión Radio. Una de las intérpretes de algunos de los seriales más populares de los años cincuen-

* *Ibid.*

ta y sesenta, y también una de las más peleonas. Tenía claro que quería ganar lo mismo que su compañero de reparto. Y lo revindicó siempre que pudo. El diálogo siempre era más o menos parecido:

—Quiero ganar tanto como Pedro Pablo Ayuso, mi compañero de reparto.
—Imposible —contestaba irremediablemente el jefe de turno.
—¿Por qué?
—Porque él es un hombre, y los hombres deben ganar más para mantener su casa y su familia.

Continuando con la hoja de ruta que siguieron los nacionales para meter a las mujeres en casa, en 1941 la Sección Femenina creó las Escuelas del Hogar, que en los barrios, los pueblos y en algunos institutos femeninos se convirtieron en obligatorias y que tuvieron como fines formar a la perfecta ama de casa y proporcionar los conocimientos adecuados: corte y confección, puericultura, convivencia social, higiene, nutrición, discernimiento de compras y lecturas destinadas a la formación religiosa y falangista, etc. En 1945 Pilar Primo de Rivera resumió las tareas de las falangistas en tres consignas: el fuego, los lares y el telar.*

Había tareas destinadas exclusivamente al sexo femenino: «Hay actividades que deben reservarse a las mujeres, como por ejemplo, las que guardan relación con la aguja, y todo trabajo que pueda llevarse en el hogar o en sus cerca-

* Si se quiere profundizar más sobre las mujeres en la época franquista, véase Domingo, Carmen, *Coser y cantar. Las mujeres bajo la dictadura franquista*, Lumen, Barcelona, 2007.

nías y alrededores sin descuidar los deberes con aquél relacionados [...] es evidente que cierta clase de labores, por su feminidad [...], por la relación que ha de desgastarse con el público, por la agilidad y destreza de las mujeres, y en suma por la delicadeza y afán de orden de que están poseídas, constituyen profesiones aptas para ellas». La revista femenina de la Falange, Y, dirigida por Marichu de la Mora, reconoce que a veces no queda más remedio que trabajar, que puede haber una mala racha y que no todas tienen la suerte de vivir del sueldo del marido, así que para todas aquellas desafortunadas ofrece una lista de profesiones que son, a su juicio, más aptas para la mujer: secretaria, modista, comisionista o representante, institutriz, maestra, practicante, trabajadora en institutos de belleza, telefonista y estudiante universitaria. «Para mujeres inteligentes y aficionadas al estudio siendo las más indicadas: Filosofía y Letras y Farmacia.»*

Y para completar el círculo, sin dejar nada al azar, la Sección Femenina ideó el Servicio Social, una «mili» femenina que se convirtió en requisito indispensable para «todas las mujeres solteras o viudas sin hijos desde los diecisiete hasta los treinta y cinco años que quieran tomar parte en oposiciones y concursos, obtener títulos, desempeñar destinos y empleos retribuidos en entidades oficiales o empresas que funcionen bajo la intervención del Estado, sacar el pasaporte, carnets de conducir y licencias de caza y pesca, así como para seguir perteneciendo a centros o asociaciones artísticas, deportivas, de recreo o análogas».**

---

* Citado en Nielfa Cristóbal, Gloria (ed.), *op. cit.*
** Citado en Nielfa Cristóbal, Gloria.

Era difícil escapar de un ambiente que la mujeres interiorizaban desde pequeñas en todas las áreas de la vida. Las pocas que trabajaban en los medios de comunicación después de la Guerra Civil lo hacían desde las páginas de las revistas de la Sección Femenina y en magazines de variedades y moda. A pesar de todo, hubo algunas atrevidas que se plantearon salir de su casa y trabajar como informadoras. A ellas les gustaba el oficio y lucharon contra los prejuicios e incluso contra las trabas familiares en algunos casos. La incorporación a los diarios se produjo muy lentamente en la década de los cincuenta. El goteo continuó en los inicios de los sesenta y ha sido imparable hasta el día de hoy, cuando las mujeres son mayoría en las redacciones. Tanto es así que un compañero de *La Voz de Galicia* se quejaba el otro día de que era el único periodista masculino que iba a las ruedas de prensa, que todos los demás eran chicas y que estaba cansado de soportar las «bromitas» que le hacían los políticos de turno.

El cuento ha cambiado mucho, pero las mujeres escasean en los puestos de mando y todavía hoy es noticia cuando nombran directora de un medio a una mujer.

LA PRENSA CAMBIA DE BANDO

¿Cómo era el panorama de la prensa al terminar la guerra? Juan Francisco Fuentes y Javier Fernández lo explican en *Historia del periodismo español*.

A los nacionales les faltó tiempo para crear un entramado mediático que les diera cobertura. En 1937 nació la

Delegación Nacional de Prensa y Propaganda. Fue el inicio de lo que luego se llamaría Prensa del Movimiento, una multitud de diarios que acogieron a las primeras chicas en prácticas. Los principales diarios de Madrid y Barcelona pasaron a engrosar sus filas. Los talleres donde se imprimían *El Sol* y *La Voz* sirvieron a partir de 1939 para producir el diario falangista *Arriba*, creado en 1935. La sede de *El Heraldo de Madrid* y *El Liberal* fue arrendada por el Estado a Juan Pujol para la edición del diario de la noche *Madrid* y en los talleres del periódico socialista *Claridad* se imprimió *Pueblo*, portavoz de los sindicatos del régimen. En Barcelona, *La Vanguardia* inició una nueva etapa al día siguiente de la toma de la ciudad, en la que retomó la numeración anterior al 18 de julio del 36 y pasó a llamarse *La Vanguardia Española*. *El Norte de Castilla* tuvo que dejar su liberalismo y renunciar al adjetivo «independiente» que le había acompañado durante un siglo. En Valencia, *El Mercantil Valenciano*, un diario liberal, fue reconvertido en *Levante*, un órgano del Movimiento. En 1943, 37 de los 111 diarios españoles pertenecían a la prensa del Movimiento, a la que las estadísticas más prudentes atribuyen en 1945 una tirada global de 600.000 ejemplares diarios, lo que equivale al 41,2 % de la difusión total de la prensa española. Por supuesto, el Estado controlaba la radiodifusión, el cine, la agencia Efe (que ellos mismos crearon en Burgos) y más tarde la televisión.

¿Qué más necesitaban? Pues una Ley de Prensa para controlar que las informaciones no se les fueran de las manos. Nada de libertad de expresión, ni de independencia, ni demás zarandajas. La Ley de Prensa de 1938, inspirada y refrendada por el ministro del Interior Ramón Serrano Súñer, construyó el marco jurídico que se necesitaba. La función de la prensa consistiría a partir de entonces en «transmitir al Estado voces de la Nación y comunicar a ésta directrices del Estado y de su Gobierno. El Gobierno se preocuparía de nombrar a los directores, y de vigilar y prohibir mediante la censura lo que no gustaba o lo que los ciudadanos no podían saber». La ley estuvo en vigor hasta que llegó la Ley de Fraga en 1966.

PERMISO, ¿PODEMOS PASAR?

Así estaban las cosas cuando las primeras mujeres, después de Colombine y Josefina Carabias, volvieron a llamar a la puerta. Era finales de los cuarenta, inicios de los cincuenta. Y allí estaba Josefina Carabias, otra vez al pie del cañón. Hizo colaboraciones y la contrataron para trabajar en *Informaciones*, pero la dieron de alta como secretaria del director. No hay que olvidar que se exilió en 1939, y su marido fue encarcelado. Carabias escribió de todo. Aunque todo el mundo en el gremio sabía que era ella, tenía que firmar como Carmen Moreno. Recuperó la firma en 1950 gracias a Juan Aparicio, director general de Prensa. En 1951 le dieron el premio Luca de Tena, que supuso su verdadera consagración. «Una amiga le tuvo que prestar un traje. Estaba encantada —rememora su hija Mercedes, que por aquel entonces era una niña—. Esta segunda etapa la disfrutó muchísimo porque enseguida tuvo mucho éxito. Tenía una columna que se titulaba "Madrid", en la que hablaba de teatro, estrenos, de la vida social, se metía en pocas harinas. Y además luchaba muy bien por su sueldo.» Josefina ya no estaba sola. En esta etapa tocaron a la puerta y entraron Pilar Narvión, Pura Ramos y Mary G. Santa Eulalia, entre otras. La Escuela de Periodismo se fundó el 17 de noviembre de 1941. Fue allí donde estudiaron la mayoría de nuestras protagonistas. Por ejemplo, Pilar Narvión (1922), una de las pioneras, que llegó a ser subdirectora de *Pueblo* y que rechazó la dirección, una mujer que lleva en la sangre el oficio y que hoy vive jubilada, pero atenta a la actualidad. Narvión es bastante crítica con la situación actual, encuentra todo muy crispado, pero reconoce que hay grandes profesionales, entre las que cita a Almudena Ariza.

Pilar lo tuvo claro desde pequeña. Su pasión por el periodismo comenzó a los siete años. Un tío suyo, Mariano Romance, era el propietario y director de un periódico local. Pilar pasó un año en Alcañiz, en la casa familiar, y fue allí donde se dio de bruces con el periodismo: «En casa de mi tío, que era el caserón donde vivían mis bisabuelos, mis abuelos y la familia entera, se recibían todos los días los periódicos de Madrid y Zaragoza. Yo los leía todos y acompañaba a mi tío a la redacción. Mi primera fascinación por el periodismo ocurrió allí, cuando la gente que bajaba del autobús de Zaragoza le decía a mi tío Mariano: "En el autobús ha venido don Emilio Díaz, el alcalde". Días más tarde yo leía en el periódico, que era semanal, en la sección de sociedad, bajo el epígrafe de viajes: "Ha llegado de Zaragoza don Emilio Díaz". Que algo que yo había visto se convirtiera en papel fue una fascinación».

La pasión por el oficio es una constante en las periodistas entrevistadas y eso les ayudó a mantenerse en él pese a que muchas otras abandonaron por el camino. Ellas no. Entusiasmadas con la profesión, no les importaba que las mirasen como bichos raros. Lo cuenta Toña Bosch, una catalana que comenzó en la radio en el año 54, aunque luego, por circunstancias de la vida, abandonó el medio: «Mis amigas me miraban como un bicho raro porque estaba trabajando, era un mundo muy masculino. Me acuerdo de una frase de Jaime Gil de Biedma que decía que había escogido Derecho en vez de Filosofía y Letras porque ésta era una carrera que sólo estudiaban curas y monjas. Y es verdad. Yo recuerdo que las mujeres que iban a la universidad eran las que querían ser monjas o las muy feas. Se daba por sentado que las mujeres se casaban y finalizaban su formación, pero si eran feas, la familia decía: "Uy, uy, esta chica no se casará, de modo que estudie algo para que se pueda ganar la vida"». Es obvio que estamos hablando de chicas de clase media. Como recuerda Toña, las mujeres de la clase obrera sí trabajaban.

Pilar Narvión comenzó a escribir a los trece años en una revista que se llamaba *Domingo*, después de enviar de manera espontánea un artículo que se titulaba «Por qué me hice escritora». «Les gustó y Luis Antonio de Vega, el director, me pidió que escribiera una novela corta para la última página y que si le gustaba me la publicaría y me la pagaría. Escribí *La herencia de Míster Pepe*, que era una historia de unos hermanos que heredan la fortuna de su tío Pepe con una condición: vivir como los ingleses. Les gustó y me la publicaron y así empecé a colaborar semanalmente en una página de humor».

Nadie sabía en Madrid que era una niña de trece años. Cuando a los diecisiete Pilar viajó desde Zaragoza a Madrid y entró en la revista, la sorpresa fue mayúscula. «Se quedaron de piedra. Fueron ellos quienes me animaron a entrar en la Escuela de Periodismo.» La Escuela se fundó en 1941. Pilar fue de la quinta promoción. «En la mía había cuatro o cinco chicas. Estaba Aurora Mateos, que trabajó en revistas, y Manoli Martínez Romero, que escribía en *Arriba* y que después de tener siete hijos volvió al periódico.»

Todas coinciden en que en la Escuela no tuvieron ningún problema por ser mujeres. Los profesores y sus compañeros las trataban por igual aun siendo pocas. Pero muchas no llegaron a ejercer porque se casaban o decidían dedicarse a escribir. Así lo recuerda Mary G. Santa Eulalia, que trabajó en la ya desaparecida *Hoja del Lunes* y que estudió en la Escuela en los años cincuenta: «Era muy complicado entrar, las pruebas no eran nada fáciles. Éramos cinco mujeres y algunas de ellas se dedicaron luego a escribir. Yo las llamaba las desertoras».

En cambio Covadonga O'Shea, directora durante mucho tiempo de *Telva*, y que actualmente preside el Instituto Superior de Empresa y Moda, inició su formación en la Universidad de Navarra el año 59. Recuerda que en su clase había cuatro mujeres: una que falleció, otra que estaba casada («¡que tuvo un hijo mientras estudiaba!»), otra de Zaragoza que nunca ejerció y ella. «La mayoría eran chicos que nos miraban por encima del hombro y nos decían: "¿A qué venís aquí si luego haréis la página de mujeres de los periódicos?". En esa "página de mujer" trabajaron excelentes periodistas como Josefina Carabias y Pilar Narvión. A mí se me llevaban los demonios porque lo que yo quería era ser corresponsal.»

Las mujeres que accedían a los estudios y al trabajo estaban en el punto de mira. «Decían que te significabas», recuerda Milagros Valdés, que fue directora de *Diez Minutos* y más tarde puso en marcha la edición de *Gala España*.

Mary G. Santa Eulalia, por su parte, recuerda que «la mayoría de mis amigas eran amas de casa, me miraban y pensaban: "Ésta se sale del tiesto". Nunca he tenido muchas amigas mujeres. Mi mundo siempre ha sido muy de hombres. Ser periodista era como cuando eras pequeña y tu madre te decía "mira, un avión", como una cosa extraordinaria. O como cuando empezabas a conducir y alguien decía: "Mira, mamá, una mujer al volante" y los guardias te dejaban pasar».

Muchas se toparon con la oposición familiar. Ya lo vimos con Josefina Carabias. Pura Ramos relata lo siguiente: «Tuve problemas porque mi padre era militar y miraba a los periodistas un poco así. Quería estudiar farmacia, pero no teníamos dinero. Así que el único estudio de tres años que me venía bien, porque mi padre era militar de carrera, era el de la Escuela de Periodismo. Además, en las monjitas donde fui educada siempre dijeron que escribía bien y decidí matricularme. Mi padre no quiso saber nada más de mí. Lo peor fue cuando le dije que me casaba con un periodista». Se casó con Jesús de la Serna.

«He visto en mi entorno a familias que se negaban a que sus hijas estudiasen. Les impusieron el no», añade Santa Eulalia.

De las tres mujeres que destacamos de los años cincuenta, dos nunca se casaron. Compatibilizar la vida laboral con la vida familiar era una odisea, por eso muchas dejaban de trabajar cuando se casaban. Por eso y porque era lo que mandaban los cánones. El caso de Pura Ramos es una excepción. Pura Ramos, una mujer fuera de serie, encantadora, trabajadora incansable, amante del oficio y que actualmente lleva la prensa de la Academia de San Fernando, tuvo ocho hijos «uno detrás de otro. Era abrumador, me las arreglaba muy mal. Me iba a la redacción y dejaba a la menor alimentada, luego a las tres horas me la traía mi madre y yo le daba de mamar. Si hacía bueno, mi madre paseaba por el Retiro y volvía a las tres horas. Fue muy duro, les oía berrear. Con cada bebé estuve sólo quince días de baja. Tampoco había guarderías, necesitábamos el dinero y teníamos que trabajar».

Al contrario de lo que se puede pensar, nuestras protagonistas no tuvieron problemas para encontrar trabajo. Ni ellas ni las que se incorporaron una década más tarde. El problema del empleo llegaría en los noventa. «Entré de manera muy fácil —continúa Ramos—, porque el director general de prensa era Juan Aparicio, que al mismo tiempo era el fundador y el director de la Escuela, y también el director de *Pueblo*. Nos daba una clase a la semana. Recuerdo un día que nos pidió un reportaje sobre Goya con motivo de su aniversario. Redacté un artículo titulado "Goya, reportero gráfico". A Aparicio le gustó mucho y me contrató en *Pueblo*. Era el año 1950.»

Pilar fue la primera mujer que trabajó en *Pueblo*. «Fíjate, el cambio que supuso fue tan tremendo que el director, el día antes de mi llegada, advirtió a los trabajadores: "Mañana entra una chica al periódico, así que aquí se van a acabar las palabrotas y los chistes verdes".» Por lo que cuenta Pilar, era todo un poco ingenuo, a la antigua:

«Un día salía del periódico con Rafael Ortega y me pidió que le acompañará a una confitería porque tenía que hacer un regalo a una chica. Entramos y compró una caja de bombones y me preguntó: "¿Le gusta esa caja de bombones?". "Sí, don Rafael, es muy bonita", le respondí. Y cuando salimos de la confitería me la regaló, diciendo: "Toma, Pilar. Perdona, ayer conté un chiste de mal gusto delante tuyo porque no me di cuenta de que estabas en la redacción. Estabas leyendo el periódico".»

Pero las cosas cambiaron rápidamente:

«Cuando ya era redactora adjunta, un viejo redactor malagueño muy famoso que sólo venía por las mañanas a leer el periódico me dijo: "Pilarsita, en esta redacción no hay respeto para nadie, a dónde vamos a llegar. Estaba sentado en la redacción y ha venido Fulanita [una periodista hoy muy conocida] y me ha espetado: '¡Quítate de ahí, gilipollas!'. Tienes que llamarle la atención porque no se puede perder el respeto a las personas". Date cuenta de cómo han cambiado las cosas. Llamé a la chica para que viniera a trabajar por las tardes.»

Mary G. Santa Eulalia fue la primera mujer en la redacción de la *Hoja del Lunes*. «Un compañero que trabajaba en el ayuntamiento y dirigía un boletín me vio en Galerías Preciados en una exposición sobre crismas de Navidad y me dijo: "¿Qué haces aquí?". Y le contesté: "Vengo a cubrir la información para la *Hoja del Lunes*". "Pues muy mal tiene que estar la *Hoja del Lunes* para pedir a una mujer que haga la información".»

Santa Eulalia intentó entrar en la agencia Efe. «Me dijeron que no, que me estaría vigilando todo el mundo y que allí no trabajaría nadie si entraba una mujer.»

Juan Caño, vicepresidente de Hachette Filipacchi, reflejaba en una entrevista a *Elle* con motivo de su jubilación que cuando él empezó en la agencia Efe en los años sesenta, en los estatutos se recogía expresamente que sólo se contrataría a hombres, porque el periodista debe hacer mucha calle y eso era peligroso para las mujeres. Coincide con la versión expuesta en el libro *La historia de la agencia Efe*, de Víctor Olmos, donde sólo se citan tres mujeres en plantilla hasta el año 1965. Entre ellas, una joven secretaria y taquimecanógrafa, de nombre Conchita, que tenía pocas luces. Luis Vallejo —un redactor del *Diario de Burgos* que recogía las primeras noticias de Efe— recuerda que Conchita tenía que hacer la lista de colaboradores de alguna obra benéfica organizada por el Gobierno «nacional» en 1938. La mayoría de las contribuciones provenían de personas conocidas, pero otras eran anónimas: «Un día recibimos de Conchita una lista en la que figuraba un tal "Don Ante Anónimo"».

La segunda mujer que entró en Efe, Amelia Pérez de Castro, lo hizo también en Burgos, pero en 1939; trabajó como ayudante de laboratorio. A una tercera, la telefonista, la llamaban hada madrina. Víctor Olmos escribe así sobre ella:

El hada es Felisa Gómez Rivera, que, en 1939, tenía treinta y dos años y estaba al frente de la centralita telefónica. Felisa era una mujer no muy alta, gruesa, ancha de hombros y caderas y una cara redonda en la que brillaban dos ojos de pequeño tamaño pero que translucen bondad. Parecía una luna llena. Felisa trabajaba durante el día en Efe y por las noches en la Compañía Telefónica de España. Su contacto diario con periodistas ha desarrollado en ella un instinto periodístico poco común y una gran vocación informativa.

Es decir, de las tres mujeres una era un poco tontaina y otra, ancha de caderas y con un instinto poco común, gracias, claro está, a su relación diaria con los periodistas.

Felisa fue todo un personaje en la agencia. Gracias a ella se lograron grandes triunfos en la primera etapa de Efe y hubo redactores que consiguieron exclusivas mediante su trabajo. Por ejemplo, a principios de los años cuarenta, con motivo de un accidente ferroviario del que no daban información, Felisa, desde su puesto en Telefónica, llamó al redactor y le dijo: «Escucha, toma y calla». El redactor escuchó una conversación entre un miembro de la policía local y un delegado del gobierno. El policía narraba el accidente con todo lujo de detalles. El taquígrafo tomó nota y se apuntó un tanto. No reveló sus fuentes.

Después se hablará más de la agencia Efe, pero adelantamos el siguiente dato significativo: en el índice onomástico del libro *Historia de la agencia Efe*, editado en 1997, figuran 1.291 nombres, de los cuales sólo 79 son mujeres; y sólo 41 periodistas. Y de este reducido grupo, la gran mayoría pertenece a los años ochenta en adelante, cuando se fueron abriendo delegaciones de la agencia por todo el mundo. Una de las primeras delegadas en España fue Margarita Rivière, que se hizo cargo de la delegación en Barcelona en 1988.

El diario *Pueblo* constituyó una buena cantera de periodistas mujeres. Después de Pilar Narvión, llegó Pura Ramos, que trabajó diecisiete años en *Pueblo* y once en *Informaciones*. Ramos guarda un bellísimo recuerdo de aquella época: «La redacción era preciosa y estaba formada por una serie de personas asombrosas llegadas de todas partes: anarquistas, comunistas, seres humanos como no he conocido en mi vida como Felipe Navarro o Julio Camarero, al que mandaron a América sin saber inglés e hizo una entrevista a un tal Chusma al que iban a matar en una cámara de gas. Eran increíbles, unos reporteros excelentes, aunque luego a lo mejor no sabían hacer la o con un canuto o no escribían bien. Teníamos una relación estupenda. Trabajábamos todos en una sala enorme. Entonces los periódicos se hacían con un bote de goma, unas tijeras y unas cuartillas». Pura recuerda un incidente provocado por su condición de mujer cuando quiso cambiar de sección. «Yo estaba en internacional y Rafael Ortega, en local, haciendo ayuntamiento. Como era mayor y yo sólo tenía diecinueve años (era la más jovencita), quería que le acompañara a los plenos para ayudarle un poco. Nos íbamos a recorrer Madrid, a las inauguraciones. Entonces Rafael se puso malo y le dije a Emilio Romero, entonces director de *Pueblo*: "Emilio, ahora que Rafael está malo, ¿quieres que me ocupe yo del ayuntamiento?", y me contestó: "No, eso no es para mujeres". Si me hubiera dicho que lo hacía muy mal, no me hubiera molestado, pero eso… Y era una persona abierta. Así que me quedé en internacional, pero me ayudaron mucho Pilar Narvión y Esteban Blanco Tobía».

Eran años en que para sacar adelante un periódico había que buscar hasta debajo de las piedras. Todo resultaba más artesanal, menos inmediato. Ramos recuerda que «lo más moderno era un señor que iba a golpe de bicicleta desde la redacción, que estaba en la calle Narváez, hasta la agencia Efe, que estaba en la calle Ayala». Los mensajeros, conocidos en el mundillo como cuartilleros, llevaban la información a los abonados de Barcelona y Madrid. Las hojas se distinguían por colores: Efe, información internacional, azul; CIFRA, información nacional, marrón, y Alfil, información deportiva, verde. Las hojas se dejaban en los casilleros de los abonados y se recogían cada hora. Cada medio tenía sus ciclistas y una vez al año había una carrera entre ellos desde Madrid a Colmenar. Contaban con unos treinta abonados. A los diarios de provincias llegaban los teletipos, morse o teléfono.

«Por supuesto no existía maqueta ni nada por el estilo —cuenta Pura—, cogías un montón de teletipos y una vez que lo habías titulado, se lo dabas al redactor jefe y entraba a platina, que se tiraba con el plomo. *Pueblo* salía por la tarde. Era una redacción muy bohemia, te metías en el periódico y te tirabas ahí todas las horas del día.»

«En la redacción de la *Hoja del Lunes* trabajábamos unas diez personas —relata Santa Eulalia—. Era una sala grande con máquinas de escribir. El domingo permanecíamos allí hasta las tantas de la mañana. Íbamos todos al *Ya*, donde estaba la imprenta, se cenaba en cualquier sitio y cuando tu página se cerraba, pues te ibas.

»En Navidad, la lotería era lo más importante. Como no teníamos televisión, el redactor jefe nos dividía por grupos: primer premio, segundo premio... No importaba la sección en la que estuvieras, te mandaban a la aventura. Dentro del colegio teníamos a un tal Bellón que escribía lo que pasaba allí, te llamaba y te apañabas como podías», cuenta Pura Ramos.

Y como siempre, a las mujeres, temas de mujeres. La gran mayoría de las entrevistadas lo cuentan. Era difícil de escapar: mujer periodista... pues cultura, moda, sociedad y frivolidades varias. Eran las marías. Santa Eulalia explica así su caso: «Por ser mujer, primero hice moda y belleza. Después cubrí cine, haciendo crítica y estrenos. En esto tenía más dificultad cuando informaba sobre mujeres. Llamé a una directora de cine y me puso un montón de pegas porque prefería que la noticia la cubriera un hombre. En cambio, con ellos era más fácil y eso que yo les preguntaba cosas que hacían que se pusieran tensos y colorados, por ejemplo por qué las mujeres que aparecían en sus películas eran putas. Se ponían nerviosos, pero era verdad, no había mujeres normales».

«Yo estaba en internacional, pero también hacía los temas de mujeres —aclara Pura Ramos, que cuando pasó a *Informaciones* en 1968, se encargó de la página femenina—. No teníamos ecos de sociedad. Después entró Carmen Debent, que se fue a Irán para la boda de Farah Diva. Lo más frívolo era una sección llamada "la guapa de la semana". En una época en que había una sequedad total, nos inventábamos de todo. Teníamos imaginación y una gran vocación para llenar un periódico, de forma muy artesanal. Ahora te lo dan todo hecho, pero entonces no existían las ruedas de prensa: te buscabas las vueltas y entrabas en los despachos a robar notas. Ahora todo está más burocratizado.»

Por su parte, Pilar Narvión se estrenó en *Pueblo* redactando una serie de lunes a sábado en la última página, en la que relataba cosas que pasaban: «Mi primera serie fue la de realquilados, porque había una crisis de vivienda espantosa en Madrid. Otras fueron las de Madrid con faldas y Madrid de siete a nueve. Al poco de entrar, nombraron a Emilio [Romero] director. Me llamó y me dijo: "Éste es un periódico popular, así que vamos a hacer una crónica mundana, de la que te encargarás tú en tu columna. Un día cuentas un estreno, otro, una inauguración o un desfile de modelos". Mi sección se llamó "Crónicas mundanas" durante un año. Transcurrido ese tiempo, Emilio me dijo: "A ti no te gustan los sombreros de las señoras y tiendes a darle aire de problema social a todo lo que cuentas. Sin ir más lejos, la crónica que escribiste ayer [una crónica sobre un concurso de tiro al pichón en donde me escandalizaba de que unos señoritos tuvieran unos secretarios para tirarles los pichones y cargarles la escopeta]. Así que vamos a titular la columna 'Madrid' y así escribes de lo que te dé la gana"».

A Narvión le nombraron poco tiempo después corresponsal en Roma.

¿Y la censura? ¿Cómo recuerdan la censura las periodistas? Pilar y Pura, como algo muy tonto, muy absurdo.

«Teníamos todos los problemas del mundo —dice Pura—. Había un señor que se llamaba Pulido y todos los días se ponía en contacto con el Ministerio de Información. Sucedían cosas tan graciosas como cuando se puso de moda un hongo que lo ponías en agua con azúcar y crecía. Lo tomaban las señoras porque decían que te lo curaba todo. Fue un escándalo y el Gobierno prohibió el hongo. Y había censores que veían la palabra hongo escrita, aunque hiciera referencia a los sombreros, y pedían que se quitara.»

Pilar asegura que ella en sus artículos nunca tuvo un problema. Sabía lo que podía decir y cómo contar entre líneas: «La censura era ridícula, era la censura del clavo. Vamos a suponer que había un señor que se llamaba Chocolate y que había insultado a Franco en la plaza de toros. Entonces pasaban una nota avisando del término y eso se colgaba en un clavo; tiempo después, salía una noticia en la que se informaba de que un niño había muerto porque se había atragantado comiendo chocolate, y entonces miraban al clavo, y se daban cuenta de que no se podía decir chocolate. También recuerdo que subían el escote de Carmencita Martínez Bordiú. Se mandaba al ciclista con las hojas y volvía con las correcciones. Teníamos un dibujante y le decíamos: "Pulido, súbele el escote a Carmencita". Había temas intocables, pero si estabas fuera no te enterabas. Me acuerdo que una vez mandé una crónica sobre una urbanización, que tenía como anagrama un caballito de mar, donde habían invertido muchos franceses que no estaban muy contentos. Y me llamó el redactor jefe avisándome de que detrás de la urbanización había unos generales y que no iban a publicar una línea».

Las primeras mujeres periodistas vivieron así el oficio. Escuchándolas se siente un poco de envidia porque lo pasaron bien, disfrutaron con esa manera de hacer periodismo. Y pronto se unieron más compañeras.

4

Ya estamos aquí

España comenzó a cambiar. Y con el país, las mujeres, que tímidamente se rebelaban contra sus madres y lo establecido, y empezaban a asistir a las universidades y a trabajar fuera de casa. El cambio no se produjo de la noche a la mañana. Fue muy lento, y las reticencias a que la mujer trabajara tardarían en borrarse. Todavía hoy quedan vestigios de esa época, como empresarios que tuercen el morro a la hora de contratar a una mujer: se queda embarazada, hay que pagar una baja, reducción de horario laboral, etc.

En 1979, María Ángeles «Magis» Iglesias, hoy redactora jefe y cronista política de la agencia Colpisa, consiguió un contrato en *El Faro de Vigo*. «Me dijeron que no podía embarazarme. En aquel entonces, en quinto de carrera, no se me pasaba por la cabeza, claro. Del resto no me quejo. Entré de auxiliar de redacción, y cuando tuve el título pasé a redactora y me encargaron que abriera la delegación de A Coruña. Tenían pánico a que cargara con tanta responsabilidad y me quedara en estado. Tardé tres años en tener un hijo.»

Hubo un cambio fundamental en la vida de los medios

en aquella época que marcará la historia del periodismo y las historias personales de nuestras protagonistas (por ejemplo, Maruja Torres quedó inhabilitada para trabajar en la administración durante diez años). La Ley Fraga (entonces ministro de Información y Turismo) de 1966 —ley de prensa e imprenta—, aprobada en las Cortes el 15 de marzo, abolió la censura previa. Sustituía el control preventivo por una política de «cierta libertad». La última palabra la seguían teniendo ellos, desde luego.* Muchas de nuestras protagonistas se toparon con ella.

LA PRENSA DEL MOMENTO

Las principales cabeceras de la prensa diaria vivieron la década de los sesenta sin grandes sobresaltos, en una línea en general acomodaticia y más o menos expansiva como correspondía a una época de crecimiento económico y optimismo empresarial. Las tiradas eran muy modestas. En 1964 se estimaban 2.200.000 ejemplares diarios, muy por debajo de los 3.000.000 de 1931 y también de las cifras de los países europeos. El número de cabeceras era de 107, 43 de ellas de propiedad estatal. Observando ejemplos concretos, *Abc* pasó de 193.000 en 1965 a 209.000 en 1970; *La Vanguardia* era el periódico español de más tirada: 200.000 en 1965 y 20.000 más cinco años después; *Pueblo* subió de 146.000 a 198.000; el diario *Madrid* oscilaba entre los

---

* Alférez, Antonio, *Cuarto poder en España. La prensa desde la Ley de Fraga 1966*, Plaza & Janés, Barcelona, 1986.

50.000 y 60.000. Fuera de Madrid y Barcelona, *Abc*, en Sevilla, creció de 53.000 a 70.000 y *El Correo Español-El Pueblo Vasco*, de 68.000 a 80.000.*

Las periodistas seguían formándose en la Escuela, aunque, igual que en la actualidad, algunas provenían de otros ámbitos como Maruja Torres o Teresa Aranguren. En los medios se necesitaba sangre nueva y se iba produciendo un cambio generacional. Y ahí estaban ellas, dispuestas a comerse el mundo en un mundo de hombres. Pero tampoco hay que pensar que eran tantas. La incorporación de la mujer a las redacciones fue constante, pero hasta los noventa no se produjo la paridad en número, que no en calidad. En 1973, Mary G. Santa Eulalia publica en la *Hoja del Lunes* un reportaje con un título optimista: «Auge del periodismo femenino español». Si bien es cierto que las revistas ocupaban más al sector femenino, en la prensa, radio y televisión eran escasas. Si tuviéramos una foto de entonces, podríamos decir que en el mar gris (representado por la vestimenta de los hombres y sus barbas, muy de moda por aquel entonces) comenzaban a verse unos puntos de colores: los vestidos de las mujeres.

LOS PUNTOS DE COLOR EN 1973

Sobre esta cuestión, Mary G. Santa Eulalia redactó el siguiente informe:

---

* Fuentes, Juan Francisco y Fernández, Sebastián, *Historia del periodismo español, op. cit.*

Nueve mujeres periodistas participan en la redacción de *Informaciones*. Este hecho lo convierte en el periódico más feminista de la capital. A mucha distancia, con cinco colegas femeninas, *Arriba* y *El Alcázar*. *Ya* y *ND* cuentan con cuatro cada uno. *Abc* con tres; *Marca*, dos, y si bien *Pueblo* va a la zaga con una sola, supera a todos por la vertiente de corresponsales en el exterior ya que dispone de tres: Pilar Narvión en París, María Francisca Ruiz en Roma y Ana Isabel Cano en Viena. Del resto, únicamente *El Alcázar* le hace una modesta competencia publicando las crónicas de su colaboradora en la capital de Italia, Paloma Gómez Borrego.

Radio, televisión y agencias han ido echando mano paulatinamente de las graduadas en varias escuelas de esta disciplina. Radio Nacional emplea al menos una docena y TVE, alrededor de la mitad. Este medio, aunque tardó en dar reconocimiento oficial al título (1971), fue uno de los más precoces en aprovechar a «técnicas» de la noticia. Desde sus inicios en los primitivos estudios del paseo de La Habana, usó una voz e imagen de periodista: Blanca Álvarez, que ascendería a estrella. Por lo que atañe a las agencias, Efe suma siete en sus diferentes departamentos y turnos; Pyresa, cuatro; Colpisa, una; Europa Press se contenta con la cooperación de una corresponsal en Valencia, Ana Sancho.

Santa Eulalia también destaca que en la Asociación de la Prensa de Madrid había aquel año 83 registradas, y observa que, desde la creación de la Escuela de Periodismo en 1942 hasta el año 1950, no se alcanzaban las 10 chicas por curso. De 1942 a 1950 salieron 27 licenciadas, mientras que de 1950 a 1960 se entregaron 140 títulos y de 1960 a

1972, 109. Y un último dato: la federación de Asociaciones de Prensa daba 75 registradas en 23 provincias. Ya no había manera de parar este crecimiento. Por supuesto, los cargos directivos o de redactoras jefe se limitaban a revistas dirigidas a las féminas. Fue en este año, en 1973, cuando Teresa Rubio y Margarita Rivière, entran por la puerta del *Diario de Barcelona*. Fueron las primeras.

En esta época todavía ocurrían anécdotas más bien ingenuas, motivadas generalmente por el pensamiento único de que las mujeres tenían que quedarse en casa. Las redacciones seguían ocupadas por la vieja guardia, periodistas formados durante la dictadura, acomodados en una poltrona desde donde aporreaban la máquina de escribir.

Pilar Urbano, periodista que tuvo un papel destacado en la transición, estudiaba en la Escuela de Periodismo y había solicitado prácticas. La llamaron de Valencia, del diario *Las Provincias*. En la solicitud había puesto P. Urbano. Corría el año 1961. «Aceptaron creyendo que la "P" era de Paco o Pedro. Cuando aparecí, el director, que se llamaba Valbuena, se asustó tanto que se ofreció a firmar la realización de las prácticas. Decía que era verano y hacía calor y la gente iba en mangas de camisa y con la corbata aflojada, y que sería muy incómodo. Además había que salir de noche, por lo que quiso que un compañero me acompañara a la residencia. Cuando le dije que lo que yo quería era oler los tinteros, me contestó que no, que ni por un momento pensase que podía bajar a los talleres porque estaban lleno de obreros.» Pilar no se dejó amedrentar y cumplió las prácticas. Lo debió de hacer bien, porque cuando volvió a Madrid se quedó como corresponsal de *Las Provincias* en la capital.

Juby Bustamente comenzó en la Escuela en 1964. En su promoción se graduaron cuatro mujeres. «No era muy normal. Nos consideraban algo curioso.» Cuando en 1968 acabó se fue a su ciudad natal, Santander, y se colocó en el *Alerta*.

«Allí estuve un año y aprendí todo lo que sé de periodismo. Mi director, Paco Cáceres, periodista excelente, me respetó mucho ideológicamente porque el *Alerta* era un diario del Movimiento. Nada más llegar me dijo: "¿Tú quieres que te trate como un redactor más?". Y yo, que tenía veintiún años, le contesté que por supuesto. Me destinó a los teletipos nacionales. Me dio también una columna diaria que se titulaba "Preguntando que es gerundio" y que duró un montón de años. Además, hice crítica de teatro, de cine y sucesos. Recuerdo que, estando yo en *Alerta*, se estrenó el telefoto. ¡Fue una emoción! Corrimos todos a ver cómo salía la foto.»

Juby se abrió camino en ese periódico:

«La primera mujer en nómina en el *Alerta* fui yo. Llegaba a las diez de la noche, y estaba hasta las cuatro de la madrugada. A las once me levantaba y comenzaba a pensar en el gerundio. No era fácil una entrevista diaria en Santander. También fui la primera mujer con nómina del diario *Madrid*.»

La prensa del Movimiento fue donde muchas de nuestras protagonistas se curtieron en el oficio. No es de extrañar, porque los medios eran muy numerosos: en 1964, contaban con 43 cabeceras. Estos diarios comenzaron a cerrar tras la muerte de Franco. Fue una desaparición paulatina. Entre 1975 y 1976 se cerraron 5 periódicos de los 40 que formaban parte de este grupo. Tras mucha indefinición por parte de los políticos, las últimas Cortes con Gobierno de mayoría de UCD aprobaron en 1982 el proyecto de ley para la supresión del Organismo Autónomo Medios de Comunicación Social. La ministra de Cultura, Soledad Becerril, anunció la enajenación de la mayor parte de los periódicos pertenecientes al Organismo Autónomo, cuyas tiradas oscilaban en 1981 entre los 97.629 ejemplares diarios de *Marca* y los 1.481 de *El Telegrama de Melilla*. Por cierto, los últimos años de *La Cadena* estuvieron dirigidos por primera vez por una mujer, Malen Aznárez, que actualmente trabaja en *El País*. Aznárez se puso al frente de los 26 periódicos del Movimiento. En 1983 Felipe González dio la puntilla. *Pueblo* no sobrevivió: pasó de los 200.000 ejemplares de sus mejores tiempos a los 40.000 en 1982. Los 1.400 millones de pérdidas anuales provocaron su cierre el 17 de mayo de 1984.*

En un periódico del Movimiento comenzó Nativel Preciado, una periodista curtida en información política y que hoy, gracias a su bagaje, está más en el mundo de la opinión y la literatura. «Era el año 66. Hacía entrevistas, algunas gloriosas como a Fernando Arrabal, que en la redacción se decía que era un rojo y un maricón. La secretaria del director y yo éramos las únicas mujeres. Luego entraron Rosa Montero, Malen Aznárez… La actitud hacia mí era insólita. Al salir, como siempre era de noche, me acompañaba alguien y había acoso sexual. Fue muy duro, pero encontré

---

* Alférez, Antonio, *op. cit.*, y Fuentes, Juan Francisco y Fernández, Sebastián, *op. cit.*

gente también fantástica como Cristóbal Páez, suegro de Andrés Aberasturi, que me llamaba Sor Intrépida, y el padre de Jorge y Javier Reverte, Jesús Martínez Tessier. Ellos dos me ayudaron mucho. Algunos periodistas llevaban pistolas a la redacción. Mira cómo eran las cosas que un día dejé un *Triunfo* sobre la mesa y uno se puso a cantar el "Cara al sol" y estampó la revista contra el suelo.»

Marisol Marín, hoy en Efe, fue al edificio que albergaba la prensa del Movimiento cuando acabó la carrera de periodismo en Navarra, en 1971. «Hablé con un señor y me preguntó si prefería Zamora o Zaragoza. Dije que Zaragoza y aterricé en el *Amanecer* de la capital maña. Era la única chica y, por supuesto, me tocó espectáculos. Entrevisté a María Dolores Pradera, a Cecilia… Me trataban como la niña.»

Fue en uno de estos periódicos donde se formó Rosa Paz, hoy subdirectora de *La Vanguardia*, una de las pocas periodistas que ha sido directora de periódicos. «Me fui a Huesca, en el año 79, a un diario, *La Nueva España*, que era de la antigua cadena del Movimiento, y donde, por supuesto, quedaba gente que había trabajado durante la dictadura. Había cinco redactores. Llegamos un chico y yo de prácticas. A él le mandaron a cubrir el pleno del ayuntamiento y a mí las jornadas infantiles de las peñas en el parque de Huesca… porque era chica. La otra chica que estaba había hecho prácticas el año anterior y al quedar una vacante le ofrecieron un contrato. Pero no tuvo tanta suerte como yo. Entonces era joven y tenía desparpajo, y enseguida empecé a hacer cosas. Era un poco rara para Huesca porque llevaba vestidos indios, pero mi aspecto progre ayudó a que les cayera bien. En una inauguración de un museo en Sabiñánigo conocí al presidente de la preautonomía y le pedí una entrevista. Le debí caer en gracia porque me la dio. Fue la primera vez que mi periódico se atrevía a entrevistar al presidente de la preautonomía aragonesa. Así empecé a ocuparme de asuntos más serios.»

Concha Bordona ingresó en la agencia Efe, donde aún continúa, en 1972. Es una de las siete que cita Santa Eulalia: «Entré en la agencia en el año 72 a través de un examen de inglés y francés. Pedían título y dos idiomas. Llevaba trabajando desde primero de carrera, y seguía colaborando con Radio Nacional de España; cada tarde iba al Gabinete de Prensa de Emigración, en la revista *Carta de España*. El primer recuerdo que tengo de Efe es un olor a patatas guisadas que me golpeó nada más cruzar el portón del viejo edificio de Ayala 5, sede de la agencia en aquella época. Eran las nueve de la noche. Seguí el rastro del guiso y me encontré a la entrada del pasillo que llevaba a la redacción de internacional. Un conserje calentaba su tartera con la cena en un hornillo de resistencia eléctrica. Se llamaba Pascual, era menudo, vestía uniforme gris y cada noche a partir de entonces me recibiría con vapores de garbanzos, tortilla o callos… La redacción de Efe España se encargaba de traducir a las agencias extranjeras (Reuters, UPI, APE y France Press), trabajo para el que fui contratada. Era también bastante curiosa. La constituían solo hombres y todos estaban pluriempleados, incluido el único periodista, el redactor jefe, al que yo tenía que sustituir cuando libraba porque había pocos que poseían el título. Una insensatez. Dos de los traductores metidos a periodistas trabajaban en el Ministerio de Asuntos Exteriores, otros lo hacían en Radio

Nacional y hasta había un empleado de banca. Los del Ministerio eran muy pulcros y usaban manguitos para no mancharse los puños con el papel de copia de los rollos donde escribíamos. Cada noche la telefonista me entregaba la llave del servicio, porque yo era la única mujer que trabajaba a esas horas, hasta que me llegó el refuerzo de Marisol Marín meses después.

»El ambiente era algo casposo, dado que la noche se brindaba a comentarios subidos de tono entre tantos hombres, que, por otro lado, eran muy paternales conmigo. Yo era una jovencita a la que alguno de ellos acercaba a casa cuando salíamos sobre las tres de la madrugada y me dejaba al cuidado del sereno que me esperaba —previo acuerdo con mi padre— para abrirme la puerta y evitar que nada me ocurriera. Trabajábamos en máquinas de escribir con copias de calco y de allí lo pasábamos a los teletipistas, que todavía escribían en esas cintas ciegas, en agujeritos. Había que meter las noticias que tenían interés para nacional en un tubo y gritar "¡Noticia va!", y se mandaban a través del patio, y luego por télex».

Concha tuvo que hacerse respetar, demostrar más que sus compañeros. Otra de las cargas de las mujeres periodista o de cualquier ámbito es que siempre tienen que demostrar más. «Cuando pasé a Nacional, tampoco había chicas en esa sección. Éramos tres chicos y yo. El redactor jefe me dejó de lado durante casi un año. Era misógino, de los que decían: "Las mujeres aquí no pintan nada". Luego nos hicimos amigos. Poco a poco organicé mi propia agencia. Efe me enganchó desde el principio, porque cada mañana tenía un folio en blanco y era yo la que buscaba, organizaba y me mataba hasta completar una información. Bebía de la intuición, recogía pistas de la prensa. Después de la muerte de Carrero Blanco, cuando se dieron cuenta de que valía para esto, me dieron la información de consumo. Ya se sabe: vosotras, la mujeres, al tomate, el mercado y la comprita.»

No fue la única mujer a la que le dieron la cesta de la compra, también Juby Bustamente estaba en el mercado a primera hora de la mañana.

Un día, Concha olfateó una pista y tiró del hilo: «Había visto en internacional que pesaba una denuncia sobre España —noticia que aquí no salió, por supuesto— porque seguía utilizando el ácido bórico en los mariscos. Así que hablé con el director general de consumo, el señor Obregón. Les hacía mucha gracia que una chica joven les preguntara algo. Además, yo iba siempre muy bien arregladita, nada de vaqueros, siempre con chaqueta. Era genial. Te abrían todos los despachos. El director general me contó que España continuaba utilizando el ácido bórico, que provoca acumulaciones de plomo, y que el dinero que se había dado para la flota del sur había volado. Y yo, taca, taca, taca, tomando nota con cara de ingenua. Se lo pasé a mi redactor jefe. El Ministerio de la Gobernación se enteró y pidió mi cabeza. La noticia no se dio, pero a mí tampoco me pasó nada porque mi jefe dio la cara por mí».

Concha recuerda cómo trabajaban en la calle los responsables de nacional: «Allí las cosas eran algo diferentes. Tenía un turno de diez de la mañana a dos de la tarde y de cuatro a ocho, pero en la práctica trabajaba todo el día, porque la redacción de calle, a la que me incorporé, estaba formada por tres compañeros más. E igual cubríamos un suceso que una información de consumo, del Ayuntamiento o íbamos a un encierro de trabajadores… En ocasiones salías de la redacción sin saber si te iban a detener con el resto de los huelguistas, pues hasta el mismísimo Manuel Fraga, siendo ministro de Interior, era considerado por sus propios policías como "un ministro rojo". Nosotros no teníamos teléfonos móviles y siempre íbamos cargados de pesetas para poder llamar. Ése era nuestro primer objetivo: localizar un teléfono (ya fuera en un despacho, en un bar cercano o una cabina) desde el que poder llamar antes que los de Europa Press. La redacción de CIFRA estaba dividida entre los redactores de calle y los de mesa. Estaban también los auxiliares, que nos recogían las informaciones, y los corresponsales en taquigrafía, que pasaban rápidamente las noticias a máquina, con papel de calco y copia, y las enviaban a los otros redactores y al redactor jefe. Éste las metía en un tubo y las enviaba a la sala de teletipos donde otro equipo las picaba y enviaba por télex a los periódicos, radio y a la Direccion General de Información, es decir, la censura».

Y es que la censura en esa época comenzaba a tener más preocupaciones que subir el escote de Carmencita Martínez Bordiú.

ESCUELAS DE PERIODISTAS

Fueron tres periódicos los que destacaron en esta etapa y donde se colaron una generación de mujeres que accedían a campos de la información que antes les estaban vedados.

Eran mujeres inquietas, que tenían claro lo que querían hacer y que intentaban salir del ambiente gris que predominaba en el franquismo. Admiraban a Josefina Carabias, pero sobre todo a Oriana Fallaci, querían viajar y conocer lo que pasaba en el resto del mundo. Y todas se enamoraron del oficio.

«Lo recuerdo como algo imborrable —rememora Maruja Torres—, entrar en Consejo de Ciento, con los castaños floridos, el ruido de los teletipos, la gente… éramos todos de tercera división. Recuerdo el barcito de abajo donde tomábamos el aperitivo, unos berberechos y bebíamos porque todavía no estaba prohibido el alcohol. Y todo eso se hacía después de haber conseguido las pruebas con las letras, los tipos en las manos, leyendo al revés. Yo antes sabía leer al revés. Ahora no.»

«Me acuerdo del primer día que fui a ver cómo nacía el niño (el diario) y sentí tanta emoción que pensé: esto es para toda la vida», añora Juby Bustamante.

En la capital, dos diarios intentaban modernizarse y hacer un periodismo más acorde con los tiempos: *Madrid* e *Informaciones*. Y otro periódico que hay que tener en cuenta a la hora de hablar de mujeres es *Pueblo*, el diario del Sindicato, dirigido por Emilio Romero, en donde dieron sus primeros pasos muchas de nuestras protagonistas.

Juby Bustamante fue la primera mujer que entró en nómina en *Madrid*. Primero, colaborando: «Hacía de todo, entre otras cosas la cesta de la compra en el mercado. Me tenía que levantar a las seis. El director se empeñaba en que hiciera local, sección que yo odiaba. Comencé también con cultura. Había una chica que hacía moda. Las redacciones eran muy viejas y los redactores muy viejetes. Pero era el viejo Madrid».

En 1966, el diario cambió de manos y se hizo con él Calvo Serer, catedrático, miembro del Opus Dei, y políticamente demócrata y donjuanista. Antonio Fontán pasó a ser el director y Miguel Ángel Gozalo, el subdirector. Entre los tres y una redacción joven, que contaba con Juby, hicieron del *Madrid*, diario de noche, un diario mítico. Duró hasta 1971. Fueron cinco años llenos de anécdotas de uno de los primeros diarios que se atrevió a discrepar. La censura ya no era la que padecieron Pilar Narvión y Pura Ramos. Hubo expedientes y multas, hasta un cierre de dos meses por el artículo «Retirarse a tiempo. No al general De Gaulle». También llegó al *Madrid* Nativel Preciado, formada como hemos visto en *Arriba*.

«El *Madrid* era otra historia. Convivían las dos generaciones, la vieja y la nueva, que éramos gente joven: Miguel Ángel Aguilar, Cuco Cerecedo, Manolo Pizán, José Oneto, Román Orozco... con ganas de hacer cosas», recuerda Nativel, que no tuvo en el *Madrid* el problema de la mayoría de las periodistas: conseguir evitar temas femeninos. Si bien los de política llegaron más tarde y no en el periódico sino en las revistas. «Hacía cultura y sociedad —continúa Preciado—, reportajes de todo tipo, viajé mucho al tercer mundo, escribí hasta de la guerra del Vietnam. De política sólo escribían Miguel Ángel Aguilar y Oneto. Estuve también de cierre en talleres. Había muy buen ambiente, de camaradería. Antes era muy divertido trabajar en un periódico, era como la película *Primera plana*: el bocata encima de la mesa, las copas a medio terminar, las juergas continuas...

y era del tipo "oye, hazme un hueco para el reportaje de Cuba y no me cortes". Era más caótico, más anárquico.»

En *Informaciones*, donde había nueve mujeres, empezó María Antonia Iglesias, más tarde directora de informativos de Televisión Española.

«En el año 1969 comencé a trabajar en *Informaciones*, haciendo sucesos para una sección de reportajes que llevaba Jesús Hermida, que contaba con una serie de aguerridos reporteros. Nos mandaba a los sitios más peregrinos. Me acuerdo de que tuve que ir a hacer una entrevista a un obispo chino. En aquella época, viajar a la China comunista era exótico. Me tuve que colar en el jardín donde estaba, acabé perseguida por un perro y tuve que saltar una tapia. A Hermida no le podías decir que no habías conseguido la entrevista con el chino. En aquella época, si veían que te gustaba mucho el oficio, te castigaban sin trabajar. A veces, Hermida me hacía luz de gas: "Ah, que no lo has conseguido... bueno, bueno, descansa un par de días". Era un trabajo muy manual, muy artesanal, muy creativo. ¿Sabes qué impresión te daba que te dieran dos páginas del diario con foto y todo? Mi pobre madre nunca estuvo tan orgullosa.»

Cada periodista tiene una historia que contar. Una historia que resume cómo se hacía la información. En aquella época también existían los *freelance*. Como Pilar Urbano, que trabajó como corresponsal de *Las Provincias* en Madrid. «Como los famosos estaban en Madrid les daba famosos por un tubo. Ganaba un dineral para aquel entonces. Llamaba a las folclóricas y hacía una entrevista que vendía a diferentes revistas. Nos documentábamos mirando algún libro, yendo a la hemeroteca para leer entrevistas. Descubríamos al personaje. Era muy artesanal. Nosotros, los de mi época, íbamos detrás de los maestros y escuchábamos, ésa era nuestra forma de estar documentados, y leíamos mucho. El periodismo es un oficio y aprendí en la calle. A mí nadie me lo enseñó. Hay que ir a preguntar y preguntar siempre por el presidente, por el jefe, que para preguntar por el conserje siempre habrá tiempo. Y hay que ser pícara: "Vengo a ver al ministro". "¿Tiene usted hora?" "Naturalmente, si no, no estaría aquí, pero me ha dicho que no diga nada." También hay que aprender a leer en los hoteles al revés y no preguntar: "¿Se aloja aquí?", sino decir: "Vengo a ver a fulano". Hice muchas cosas raras. Por ejemplo, cuando se casó Rainiero con Grace Kelly estuvieron fondeados en el puerto de Valencia... y entonces yo cogí un bote y llegué allí y les dije: "Vengo a saludarles de parte de la juventud española", y les saqué cuatro frases e hice un reportaje estupendo.»

La mayoría empezó así. Primero, prácticas y después, con suerte, el periódico ofrecía un contrato y, si no, había que buscarse la vida. No hubo problemas para encontrar trabajo, a juzgar por testimonios como el de Rosa Montero, una de las periodistas con más renombre, estrella de *El País*: «Debía de ser en el 70; las cosas estaban cambiando como si hubiera una duplicidad. Tú sabías que formabas parte del futuro, el presente era de una petardez horrorosa. Cuando llegué a Alicante a pedir trabajo por las redacciones, en algunas me contestaron con dos narices que no me podían contratar porque no contrataban a mujeres. No, no eran periódicos del Movimiento; periódico del Movimiento fue uno en el que trabajé, el más moderno de Madrid: el *Arriba*. Estábamos los más jóvenes, y se aplicaba menos la censura. Trabajé un año. En aquella época los periódicos y las revistas eran muy petardos, o te daban temas de mujeres o de cultura, que estaba muy devaluada por entonces. Empecé de *freelance* y en mil sitios a la vez. El primer lugar donde me dijeron que me quedara por ahí fue en *Tele-radio*, una revista de televisión. Yo no tenía ni tele, pero cobraba 200 pesetas menos el 14 % de IRPF. Trabajaba en quince sitios a la vez, entre los que estaban el *Boletín del Butano* o una revista de hermandad del sindicato vertical de agricultura, hablando del escarabajo de la patata. En el *Arriba* estábamos Lalo Azcona, Malen Aznárez, Luis Otero, Paco Caparrós y yo. Yo escribía con Pedro Rodríguez dos páginas de reportajes diarios. Hacíamos cosas increíbles. Tenía un chivato en el aeropuerto que me llamaba: "Oye, que ha venido alguien importante". Aunque no tuvieras ni idea de quién era, te ibas a la puerta y decías: "Bueno, cuénteme sus últimos trabajos"».

El ambiente era muy machista. El inicio de la liberación de la mujer aturulló a los hombres que confundían la modernidad, o el «ser moderna», con otros campos. No faltó el acoso sexual. «Colaboré en *Pueblo*, que dejé porque me pareció un lugar muy machista —explica Montero—. Emilio apoyaba a las mujeres porque se acostaba con ellas. Era un ambiente horrible, iban todos con la corbata en erección y se te acercaban para ver si eras virgen o no, y si no lo eras, era un ataque en toda regla porque, si te habías acostado con alguien, ¿por qué no con ellos? Además era un lugar muy de antes, un mundo muy canalla, los muy chulos tenían relaciones con la policía, era como de película, de cine negro cutre.»

A principios de los ochenta Rosa Montero tuvo la oportunidad de dirigir *El País Semanal*. «Cuando me ofrecieron ser redactora jefa del colorín, acepté, entre otras cosas por no decir que no, porque todas decíamos que no. Estaba Rodríguez Salmones de redactora jefe de documentación. Tuve algún problema con el equipo por ser mujer, sí. Era difícil que te admitieran. En *El País Semanal* había un montón de mujeres, todas colaboradoras. El colorín funcionaba sobre todo por colaboración. Cuando entré, uno de los hombres que lo llevaba se puso enfermo y yo era la única que estaba en nómina. Me acuerdo que organicé reuniones semanales que no se habían hecho nunca y nos reuníamos en mi despacho, que era una especie de pecera y cuando pasaba la gente, los tíos nos hacían gestos graciosos porque éramos un montón de chicas, era como si fuéramos monos.»

Rosa Montero admite que aceptó el reto porque en aquella época ya se había hecho muy famosa, y la fama le agobiaba. «Me puse de moda porque era un símbolo nuevo, un tipo de mujer profesional de rompe y rasga.»

Rosa Villacastín amplía con su experiencia las palabras de Montero: «Nos hicieron muchísimo la puñeta. Lloré bastante en aquella primera época. Todo lo que fuera mujer constituía su enemigo. Por ejemplo, recuerdo que hice una entrevista en Marbella a un pintor y, como hacía un calor espantoso, fui en pantaloncito corto. Y me llamó el director, que me había visto en la foto, y me echó una bronca enorme por ir en pantalón corto a cuarenta grados. Te llamaban por todo y te amenazaban, pero nunca llegó la sangre al río. La verdad es que no eran más que cuatro pelagatos machistas, pero no estaba acostumbrada y lo pasé mal».

Rosa Villacastín comenzó en *Pueblo* en 1971, gracias a un artículo que escribió sobre Rubén Darío y que gustó a Emilio Romero. «Quería que hiciera una columna cultural. El sueldo era de 7.500 pesetas, lo mismo que cobraba en la Universidad, así que acepté. Con 15.000 pesetas de sueldo era la reina del mambo.» Villacastín, más conocida en el ámbito de la crónica social, comenzó con cultura y más tarde pasó a información política.

Rosa Solbes es valenciana, y comenzó a trabajar en un semanario económico, hortifrutícola, un mundo muy masculino. «Nos pasaban cosas muy divertidas. Teníamos un director que sólo contrataba chicas porque era más lucido, más elegante, mandar a sus amigos los exportadores de naranjas o terratenientes a sus redactoras, y si eran monas mejor. Era machista hortifructífero, que es un matiz muy de aquí. Nos trataba con mucho paternalismo. Te decía cosas como "Mañana te vas a la rueda de prensa del ministro, así que ponte minifalda"», comenta Rosa, actualmente editora de informativos de TVE en Valencia.

En la televisión también cocían habas. Televisión Española había empezado a emitir en 1956. Enseguida fichó a Blanca Álvarez, que se convirtió en estrella de televisión. En 1973, según dice Mary G. Santa Eulalia en su artículo, tenía contratadas a media docena de mujeres. Carmen Sarmiento fue una de las primeras que llegó a los estudios de Televisión Española, y también sufrió lo suyo. «Estuve en el telediario poco tiempo. Lo tuve que dejar por acoso sexual. El periodismo es tremendamente machista. Yo hacía el telediario por la mañana y el director se encaprichó. Como siempre buscaba alguien que me bajara al centro, él siempre se ofrecía. Un día, sin mediar palabra, paró el coche en la Casa de Campo y me metió la mano en la entrepierna. Le pegué un bufido, me bajé del coche y me fui. Al día siguiente, pedí que me cambiaran de turno y tuve que dejar la carrera de políticas que hacía por la tarde. Estamos hablando del año 1968. Recuerdo que, siendo director Ramón Colom, me hizo una entrevista Rosa María Artall sobre el acoso sexual. Me dijo que tenía minuto y medio. Conté cómo el corresponsal de Francia me puso la mano en el trasero para saludarme. Otro director de programa no me pagaba las entrevistas como medida de presión. Colom intentó que no saliera la entrevista, pero presioné y la emitieron. A raíz de aquello unas mujeres en Gijón me dieron un premio».

Los episodios de tintes machistas y paternales se suceden: «Prensa del Movimiento anunció una plaza en Dusseldorf para una revista de emigrantes o algo así —cuenta Sol Gallego-Díaz, actual adjunta a la dirección de *El País*—. Ahora tengo que ir a vivir a Dusseldorf y me muero, pero por entonces, con diecinueve o veinte años, lo que me apetecía era marcharme donde fuera. No sabía alemán, pero nadie sabía alemán. Sólo hablaba un poco de inglés que era una ventaja, pero no me la aceptaron. El director, que era muy agradable, me dijo: "Pero ¿cómo te vas a ir a Dusseldorf a vivir sola? ¿Y si te quedas embarazada?". Se consideraba mi padre. Como soy huérfana, se sentía responsable moral, no quería perjudicarme. Él siempre me aseguraba que yo valía, pero a la hora de tomar decisiones me protegía de lo que consideraba que no era bueno para mí».

Comienza el cambio

A principios de los setenta comienza a cambiar el panorama en la prensa. La dictadura está llegando a su fin. La política nacional comienza a tener su importancia. La Ley Fraga de 1966 intentó controlar la información, pero se notaba nerviosismo por parte de la sociedad. Además de la apertura provocada por el auge económico y por la llegada del turismo, la salud de Franco comenzó a declinar. Los periódicos fueron tomando posiciones. Y las mujeres también. Como Pilar Narvión:

«Estuve veinte años de corresponsal. Me fui en 1956 y volví en 1973. Pedí volver porque las prioridades cambiaron en ese período de tiempo. Antes, las estrellas de las primeras páginas éramos los corresponsales. La información internacional era la que primaba porque no se podía hacer información política. Cada día mandaba una crónica política y muchas veces a la semana, una cultural. Era el momento de De Gaulle y Francia pesaba muchísimo. En 1972 me di cuenta de que las noticias internacionales habían desaparecido de la primera página y que ahora se titulaba con las nacionales. No sólo habíamos desaparecido de la primera sino que nos mandaban a la séptima. Y yo me dije: "Ay, jamones, con el instinto que tiene Emilio [Romero], si está haciendo esto, quiere decir que España está cambiando y hay que pensar en volver". Regresé en 1973 a política nacional. Josefina [Carabias] también volvió».

«Como había censura y a mí escribir con censura me parte el alma, me dediqué más a las folclóricas —evoca Pilar Urbano—. Pero asesinaron a Carrero Blanco y tuve la intuición de que el panorama iba a cambiar. De hecho, mi primer reportaje político fue una serie para *Actualidad Española*. Fui a ver a José María Pemán, que era secretario de don Juan. Se situaba en la oposición visible, y me dijo cosas impublicables, pero que se publicaron. Algo estaba empezando a cambiar. También entrevisté a Pilar, la hermana de Franco, y le pedí que me contara algo de cuando Franco no era caudillo, que era como decir que Franco no había sido Dios siempre. En El Pardo se enfadaron muchísimo y me pidieron que le cambiara el título. Tuvimos una serie de cinco reportajes. Empecé a dar sentido a mi carrera. Dejé a las folclóricas; buscaba a las personas más críticas, con nombres y apellidos, pensando en la democracia. Había que cubrir muchas cosas porque Franco ya tenía mala salud, con esa flebitis dichosa, que cuando escribías sobre ella había que decir el muslo de su excelencia.»

Ellas, las dos Pilares, nos contaron la transición. Ellas y algunas más. Redactoras que consiguieron entrar por la puerta grande del periodismo haciendo política, dejando constancia del cambio. Un cambio en el que se involucró gran parte de la sociedad y que dio al periodismo político una edad de oro.

5

Yo hice la transición

«Una de las profesiones que ha tenido un asalto más rápido y triunfal por parte de las mujeres ha sido el periodismo —opina Pilar Narvión—. Ha costado más tiempo que se llenasen los quirófanos de mujeres que los periódicos. Además, las chicas en la transición se posicionaron muy bien como grandes informadoras por una razón muy sencilla. Los primeros diputados a Cortes eran unos señores clásicos que tenían un concepto de las señoras muy clásico, y periodistas avispadas como Julita Navarro, Merceditas Jansa o Amalia San Pedro desempeñaron muy bien su papel. Los señores de entonces eran muy tontos. En cuanto veían una periodista se ponían muy importantes.»

Fuera por lo que fuera, las mujeres demostraron durante este crucial período que eran igual de profesionales que sus compañeros masculinos. Y consiguieron bastantes exclusivas. Hay un episodio que refleja el papel que tuvieron las periodistas en la transición. Lo contó Concha Bordona, y también lo narra Víctor Olmos en su libro sobre la historia de Efe. Fue en noviembre de 1977. El borrador de la Constitución era la pieza más preciada del momento.

Pero se mantenía en secreto. Parecía que no iba a haber filtraciones. Pero las hubo, y todas a mujeres. Concha Bordona, que entonces contaba veinticuatro años, consiguió que Gabriel Cisneros le dejara ver el borrador mientras se iba a tomar un café. Volvió encantada a la agencia con sus notas. Ese mismo día, Consuelo Álvarez de Toledo regresó a la redacción de Efe, también con información. Efe no tenía todo el borrador, pero sí lo suficiente como para hacer ruido. Y entonces apareció la tercera en discordia. Sol Gallego-Díaz telefoneó desde *Cuadernos para el Diálogo*. Ellos habían conseguido el texto completo, así que pidió a sus colegas que esperaran.

COMIENZA LA LUCHA

La muerte de Carrero Blanco en 1973 dio el pistoletazo de salida. Estaba claro que aquello no iba a durar mucho más. Franco no era inmortal. Los medios comenzaron a tomar partido. Como dice Pilar Urbano, había muchas cosas que contar. Un país en cambio, una esperanza de futuro, revueltas, terrorismo… La información política saltó a la primera plana. No fue fácil. La censura, bajo la Ley de Fraga, actuaba a toda mecha. Las voces críticas eran cada vez más fuertes. Hacer información política a partir de esos años no era coser y cantar. Hubo amenazas por parte de la extrema derecha y la extrema izquierda. Se produjeron secuestros de revistas como *Triunfo, Cuadernos para el Diálogo, Garbo*… Y en ellos las mujeres también estaban implicadas: Montserrat Roig, Maruja Torres, Sol Gallego-Díaz, Concha Bordona... Fue una época trepidante, sobre todo para los que lo contaron a través de un periodismo todavía muy de calle.

«El periodismo que yo aprendí era un oficio en el que estabas todo el rato en la calle y muy poco en la redacción —explica María Antonia Iglesias—. Eso ha cambiado. Cuando mataron a Carrero llevaba tres o cuatro años en *Informaciones* y ya comenzaba a hacer periodismo político, pero trabajaba en lo que mandaran. Y me avisaron: "María Antonia, ha habido un suceso en Claudio Coello y parece que hay un muerto. Vete para allá con Blanco", que era el fotógrafo. Me dejaron entrar por casualidad porque el camillero de la Cruz Roja era un tipo que despachaba en una taberna de vinos a la que iba yo con mis amigos y cuando me reconoció me dijo: "Vente para acá y no mires, arriba está el presidente". Salí zumbando a buscar un teléfono, una cabina, pero no había una cerca. Llamé a la puerta de una casa, me abrieron dos viejitas en bata de boatiné. Yo casi no podía articular palabra y pedí un teléfono. Llamé y dije a gritos: "¡Eduardo, que han matado al presidente!". Las dos viejitas me calmaban: "No se sulfure, señorita, ¿quiere una tila?". Yo anunciando que habían matado al presidente y ellas ofreciéndome una tila. Así eran las cosas entonces.»

Pilar Urbano ya estaba en política. «En *Abc* me encargaron una columna. Se llamaba "Los viernes políticos de Pilar Urbano". Y me fui a las Cortes. En las Cortes había un cordón rojo donde nos situábamos la fauna, los periodistas, todos hombres. Pilar Narvión y Josefina sólo iban los días especiales, ya en la democracia. Estoy hablando de las jornadas anteriores, cuando se iban a hacer el harakiri; por cierto, esa expresión fue mía y también lo de llamar al pasillo que circunvala el hemiciclo la M-30. Estábamos en una banca sentados por orden de acreditación y edad. Yo, la última. Escuchábamos y se hacían unas crónicas aburridísimas. No teníamos acceso ni a la cafetería ni a ellos. Se me ocurrió mandarles unas notitas en papel de periódico. Les iba preguntando cosas a través de las notas y me contestaban ahí mismo. El mensajero era el ujier que llevaba el agua y a veces el azucarillo. "¿Le puede dar esto a fulanito?" Y los diputados me miraban, unas veces me respondían a través del papel y otras veces me indicaban con la mano que luego. Y como era la única mujer me contestaban. Fue entonces cuando metí en mi columna la negrita para resaltar los nombres, lo que fue una lucha con el periódico porque el de la linotipia tenía que cambiar la tinta, pero así quedaba mucho más ameno. No hacía análisis, pero la crónica política no tiene por qué ser un tostón; hay gestos, hay miradas, yo contaba lo que se decía en los pasillos, lo que hablaban entre ellos.»

Concha Bordona triunfó en información de consumo; gracias a eso su jefe, que se había olvidado de las reticencias anteriores por su condición femenina, le dio también información municipal. «Entré a hacer municipal el mismo día que Arias Navarro se despidió de la alcaldía de Madrid. Había unos cohechos y unas relaciones con el alcalde y concejales alucinantes. Recuerdo que en Navidad Manolo Quintero y yo fuimos los únicos que rechazamos el sobre que daban con acciones del Banco de Valladolid, unas cien mil pesetas de la época. Lo rechacé ante el pasmo de mis compañeros. A partir de ahí conecté con los movimientos vecinales, que es donde se gestaron los partidos políticos. Y yo hablaba con ellos. Estuve hablando durante año y medio con un tal Javier, que me llamaba Conchita y que me iba contando cosas del PSOE. Resultó ser Javier Solana. No nos vimos las caras hasta después de año y medio porque en aquella época todo era muy clandestino. Marchabas a cubrir una información y no sabías si ibas a volver. Te daban cuatro citas diferentes para que la policía no te siguiera.»

REVOLUCIÓN EN EL QUIOSCO

La agonía y fin del régimen tuvo un efecto en los medios. El último número del *Madrid* salió el 25 de noviembre de 1971. Tras un largo padecimiento, *Informaciones* cerró en 1983 con setenta años cumplidos. Tras la marcha de Romero, *Pueblo* comenzó su declive, y el año de su cierre, 1984, vendió 30.000 ejemplares. También murieron las míticas publicaciones *Triunfo, Cuadernos para el Diálogo* y *Destino*. Todas son imprescindibles para entender la historia de la prensa de esta época. Un dato para vislumbrar la locura que fue el quiosco en estos años: entre noviembre de 1975 y junio de 1978 se registraron 1.112 nuevas publicaciones. Y, según publicó la revista *Nuestro Tiempo*, a finales de 1982 había en España 117 periódicos diarios. Entre 1980 y octubre de 1982 hubo 24 actas de nacimiento, y desaparecieron 17 periódicos. Solamente en Madrid en la década de los ochenta cerraron *Nuevo Diario, Diario Económico, Diario Libre, El Imparcial, La Voz del Progreso*, además de los ya citados *Pueblo* e *Informaciones*.

Según cuenta Antonio Alférez en su libro *Cuarto poder en España. La prensa desde la Ley Fraga 1966*, un alto porcentaje de estos lanzamientos se hizo con un objetivo parecido: un grupo político (a veces era uno individual) que consideraba oportuno tener un órgano que le ayudara ante la opinión pública. El grupo entraba en contacto con un joven periodista brillante que en pocos días adaptaba al escenario español *Le Nouvel Observateur*, *Le Point* o *L'Express* o incluso aportaciones copiadas de *People* o *The New Yorker*. Estos semanarios —que llegaron a vender 50.000 ejemplares— catapultaron a una serie de profesionales que acabarían en medios más sólidos. Si a mediados de los setenta fue la euforia de los semanarios, a comienzos de los ochenta hubo un despertar de las publicaciones diarias. Querían copiar el modelo de Prisa-*El País*: accionariado amplio, tecnología y redacción escasa, pero muy profesional y bien pagada. El humor también fue protagonista estos años. En el quiosco, junto a *La Codorniz*, se colocaron *Por Favor* y *Hermano Lobo*, que llegó a vender 150.000 ejemplares. Todas han desaparecido ya. El humor se ha quedado reducido a *El Jueves*, que acaba de cumplir treinta años.*

Otro aspecto importante en la transición que cambió el paisaje del quiosco fue el sexo. Era la novedad. En 1976 comenzaron los desnudos en publicaciones como *Play Lady*, *Papillón*, *Bazar*, *Siesta*, además de las ediciones españolas de *Playboy* y *Penthouse*, las únicas que se salvaron a la larga, junto con *Interviú*, que además de desnudos aportaba otro tipo de periodismo al mercado español, y que aún con-

---

* Alférez, Antonio, *op. cit.*

tinúa al pie del cañón. Por cierto, *Interviú* ha sido la única de las revistas políticas y semanarios dirigida por una mujer, Teresa Viejo, hoy presentadora de televisión, que dirigió la revista entre 2002 y 2004. Ahora no hay mujeres dirigiendo semanarios de política, aunque sí algunos de economía, como *Actualidad Económica*, *Andalucía Económica* o *Comercio Exterior*, según datos de la *Agenda de la Comunicación* de 2007.

Las periodistas no fueron ajenas a estos nacimientos y muertes en cadena. Pilar Bonet, actual corresponsal en Rusia del diario *El País*, relata así sus comienzos en Ibiza:

«Había un grupo de gente que quería hacer una alternativa a *Diario de Ibiza*, que era muy conservador. La isla, por aquel entonces, era feudo de los Matutes. En ese grupo había gente de todos los colores: liberales, comunistas, etc. Se asociaron, pusieron dinero y crearon el semanario *UC*, que nació un poco después de las primeras elecciones. Queríamos que fuese un semanario balear. En 1977 se necesitaba título universitario para editar un semanario. Y hubo que buscarlos. Conseguimos dos títulos, uno de un señor que estaba en Formentera, Rafael Pascuet, y otro que prestó su título y que se llamaba Juan Ramón de la Cruz. Los comienzos fueron complicados porque el semanario no llevaba una línea posibilista; dejó de lado a la gente que daba el dinero. Además, escribíamos sobre la Guerra Civil y eso no era bien visto. También nos metimos con la especulación urbanística, algo explosivo. Para colmo, no incluíamos publicidad. Una de las cosas que se les ocurrió a los geniales progres de la época era que nada se firmaba, que todo era común y que todo se hacía en común. ¿Qué pasó? Que yo estaba todo el día trabajando y ellos en el bar pontificando. Hacían la gran política tomando cervezas. Venía el director, el hombre de Formentera, que hacía internacional, y en media hora paría un artículo sobre los palestinos e israelíes. Se leía el *Herald Tribune* en la barca y se hacía el artículo en un santiamén. A mí las cosas me costaban un poco más. Yo era la única mujer de la redacción y me decían: "Chica, qué lenta eres". Ellos lo tenían todo muy claro, pero yo necesitaba datos de la realidad. Llevaba fatal eso de que era lenta. Más tarde comprendí que la información hay que ir a buscarla, procesarla... Al final, la revista quebró.»

Rosa Solbes evoca su trabajo en Valencia: «Yo viví la transición valenciana trabajando en *Valencia Fruits* y en otros medios que en aquella época salían como setas. Tuve muchos problemas con mi director, que era un personaje del régimen, un comerciante que necesitaba guardar buenas relaciones con las autoridades. En una revista progre, que fundaron un grupo de gente de izquierda y nacionalista, me pidieron que pusiera mi nombre como directora, ya que necesitaban a alguien con carnet. Era quincenal, bilingüe y se llamaba *Dos y Dos*. También tenía un suplemento cultural: *Quatre*».

Como recuerda Maruja Torres, en Cataluña también hubo mucho movimiento. «Entré en *Por Favor*, que fue la primera que me pagó bien, unas 30.000 pesetas por llenar dos páginas. Mi sección se titulaba "La ventana indiscreta" y consistía en pequeñas notas en las que me reía de todo. Era una revista coyuntural. Salió en el 74 y cerró en el 76.»

NUEVOS PERIÓDICOS, NUEVOS PERIODISTAS

Pero, en aquel momento, las miradas estaban puestas en la capital. Era donde se cortaba el bacalao. Y ellas, las que habían empezado a trabajar justo antes de la muerte de Franco, aprovecharon el momento. Se necesitaban profesionales en esta nueva etapa, una nueva generación de periodistas que escribiera la crónica de lo que estaba pasando. Había que modernizar las redacciones y reinventar el estilo periodístico. El nacimiento de *El País* refleja perfectamente el cambio. Fue la apuesta por un nuevo tipo de periódico, de empresa periodística, que triunfó.

«Se necesitaba gente nueva, gente joven, porque los mayores estaban alcoholizados o eran franquistas —apunta Sol Gallego-Díaz—. Muchas mujeres, estudiantes universitarias, entraron en las redacciones. Habían participado, como estudiantes y como periodistas, en la lucha contra Franco, en los sindicatos y en los partidos políticos. Incorporaron su actividad política antifranquista a los medios de comunicación, un bagaje cultural que dificultaba que te pusieran a hacer información de cocina.»

El País, signo de los nuevos tiempos, era el diario que todo el mundo tenía como referencia en aquella época. Pero este diario estrella, que modificó la manera de hacer periodismo, progresista y, hoy en día, el más vendido, no aprueba, como no lo hace ninguno, en paridad y mujeres al cargo de secciones (aunque es verdad que ahora cuenta en su mancheta con una directora adjunta, la mencionada Sol Gallego-Díaz, y con una subdirectora, Berna G. Harbour). En todo caso, *El País* apostó pronto por una mujer para llevar una sección dura y considerada masculina. Soledad Álvarez-Coto entró al diario en sus inicios:

«Entré en principio de subjefe, pero enseguida me nombraron jefa de nacional y pasó bastante tiempo hasta que hicieron jefa a otra. Luego llegaron Ángeles García y Sol Gallego-Díaz. Fueron unos años estupendos, irrepetibles. La información que primaba era la política y con los políticos construimos una relación muy de tú a tú, muy de amistad. Era tan cercana que hubo un montón de historias entre políticos y periodistas. Era más fácil, no había tanto intermediario como ahora. Fue una época fantástica, inventar un periódico nuevo». Pero no todo fue tan maravilloso: «Sufrí muchas peleas en nacional porque cada día tenía que mirar quién me había puesto la bomba debajo de la mesa, y afronté innumerables puyas porque había mucha gente que quería mi puesto. Era la sección estrella del periódico y había muchos hombres con ganas, que yo fuera mujer era un argumento más: cómo una sección tan importante podía estar dirigida por una mujer...». Soledad Álvarez-Coto finalmente abandonó la pelea y se fue a Nueva York, pero pese a ello ha seguido teniendo responsabilidades de dirección. Hasta hace poco era la única mujer en el consejo de administración de Sogecable. «Siempre he ganado menos que los hombres que tenían el mismo rango. En *El País*, estando de redactora jefa, ganaba menos que el chico de internacional. Discutí y me replicaron: "Pero si no estás casada, ni tienes hijos". Siempre ha sido así. En Sogecable, de todos los del consejo de administración, seguro que yo era la que menos cobraba.»

En 1976 salió a la calle *Diario 16*. Había una mujer en la mancheta: Juby Bustamente, redactora jefa de cultura y sociedad.

Julia Navarro, hoy novelista de éxito, empezó en *Pueblo*. Dice que estaba predestinada a hacer el periodismo en que trabajaban las mujeres a finales de los sesenta: corazón, sociedad, educación, cultura. Desde luego, no política. «Tuve la suerte de encontrarme con gente progresista que me envió a cubrir los primeros mítines. Cuando se constituyó el primer Congreso democrático, me encontré cubriendo algo tan apasionante como la transición. Estaba contemplando la historia de un país y era protagonista de un cambio que también me afectaba a mí. Entramos un grupo de mujeres al Parlamento: Susana Olmo, Pilar Urbano, Raquel Heredia, Consuelo Álvarez de Toledo, Charo Zarzalejos, Pilar Cernuda, Nativel Preciado, que no estaba de manera permanente, Amalia San Pedro, además de Pilar Narvión y Josefina Carabias, y más tarde, su hija Carmen Rico-Godoy. Algunas sólo acudían a los acontecimientos importantes y otras vivíamos allí.»

«Los directores y redactores jefes se dieron cuenta de que para nosotras era mucho más fácil tener acceso a los políticos que para los hombres —asegura Rosa Villacastín—, porque como no había costumbre de hablar con mujeres, te cantaban *La Traviata*. Con nosotras se explayaban y siempre dábamos exclusivas.»

A Nativel Preciado la muerte de Franco la pilló en la revista *Doblón*, una clásica de la época. «El director era José Antonio Martínez Soler. Se escribían cosas muy tremendas. La Guardia Civil secuestró al director y le torturó. Se tapó el asunto porque las protestas eran muy limitadas. Entrevisté a todo el equipo médico habitual. Hice muchas entrevistas a franquistas. Yo no tenía actitud de niña mona que iba a entrevistar. Con los años he ganado serenidad, antes era muy cañera. Cuando estuve en *Interviú* era muy guerrera, hacía entrevistas muy agresivas, luego cambié porque me cansé e hice entrevistas más bien reposadas. Me recibían todos porque todo el mundo leía la entrevista política de *Interviú*. Luego en la revista *Tiempo* tampoco tuve ningún problema.»

AMISTAD ENTRE POLÍTICOS Y PERIODISTAS

Otra cosa que ha cambiado en los últimos años es la relación entre políticos y periodistas. En aquella época era de amistad, e incluso, como ha puntado Soledad Álvarez-Coto, a veces iba más allá. Algunas historias amorosas entre políticos y periodistas son muy conocidas.

«Yo aprendí a hacer periodismo político, y ellos estaban aprendiendo a hacer política porque no es lo mismo hacer política en la clandestinidad que en democracia —comenta Julia Navarro—. Había buen ambiente, una ilusión compartida de que estábamos en un momento especial y de que todos formábamos parte de él. Pertenecíamos a una generación joven.»

Todas son de la misma opinión. Hasta que en 1982 ganó el PSOE las elecciones.

«Los roces comenzaron con la llegada de los socialistas —dice Nativel Preciado—. Hubo que marcar distancias. Era necesario "vestir el cargo", como dijo un político. Ya no digo que alguno es amigo mío.»

«La subida del PSOE se vivió con auténtico entusiasmo —rememora Julia Navarro—; la mayoría de la gente que trabajaba en las redacciones era progresista y apoyaba el cambio. Ahora, viéndolo en la distancia, pienso que a veces fui injusta con UCD, pero con veinticuatro o veinticinco años pensabas que el partido de Suárez no era suficiente. La relación de amor entre los periodistas y los políticos socialistas se rompió cuando llegaron al poder. La separación empezó porque los periodistas tuvieron que volver a las redacciones. Sólo podías ser testigo. En la transición también lo eras, pero con la sensación de que estabas participando. En el 82 se estableció una normalización política, democrática, y los diputados que cuatro días antes eran sindicalistas ahora se convertían en ministros. Ellos mismos pusieron una distancia y los desencuentros se sucedieron. Pasamos de llamarles por su nombre a utilizar su cargo: ministro. Además, la prensa dejó de ser cómplice en el mejor sentido de la palabra. A todos los gobiernos, en el fondo, les irritan los medios. Les encantaría que contáramos lo que ellos quieren que contemos.»

«La información política ha cambiado una barbaridad por la evolución de las relaciones entre los políticos y los periodistas —cuenta Pilar Cernuda, que comenzó a hacer información política en 1974 en la agencia Colpisa y hoy es directora de Fax Press—. Cuando se dice que la transición la hicimos entre todos es verdad. Nosotros realizamos una labor de intermediarios y callamos mucho para que saliera bien. Nuestro trabajo fue muy didáctico porque la gente tenía miedo. Nadie sabía lo que significaba la legalización del Partido Comunista, qué significaba que ganara un socialista, qué papel tendría el terrorismo, ETA, GRAPO o la extrema derecha. Éramos muy conscientes de la trascendencia de nuestras informaciones.»

«No comparto que puedas ser amiga de los políticos —opina Sol Gallego-Díaz—. Puedes tener afecto, pero no tener amistad porque te autocensuras. En aquella época existió bastante complicidad y cuando llegaron los del PSOE al poder llegaron las dificultades. Tomaban decisiones que criticabas como periodista y ellos se enfadaban. Comenzó la separación entre periodismo y política.»

LOS DESAYUNOS DEL RITZ

Las mujeres ya se habían instalado en el Congreso y en los periódicos. Pero la llegada a los puestos directivos todavía no estaba en la orden del día. Ni a ellos ni a ellas se les pasaba por la cabeza. Pero sí pensaron en agruparse para ser más fuertes. De los famosos desayunos del Ritz salieron, entre café y café, muchas exclusivas e informaciones muy suculentas en una época en que cada noticia era vital para la construcción de un nuevo sistema político. Pilar Narvión, que por aquel entonces ya hacía opinión política, no tomó parte en esos desayunos:

«En el Ritz invitaban a políticos y nadie rechazaba la invitación. Los hombres eran un poco tontorrones y con ellas bajaban la guardia olvidando su condición de periodistas. Las indiscreciones y las fugas más importantes en la redacción de la Constitución las obtuvieron las mujeres, que se hacían las tontas y lo conseguían. Fue entonces cuando se demostró que eran estupendas informadoras».

Pilar Urbano tuvo la idea: «En un viaje electoral con Suárez, en las elecciones del 79, le comenté a Consuelo Álvarez de Toledo, con la que compartía habitación, que podíamos constituir un grupo de mujeres periodistas, de diferentes medios, para desayunar. Nos pondríamos de acuerdo con el personaje sin que el periódico lo supiera. Al final enviaban a un fotógrafo. Hubo desayunos que terminaron a las tres de la tarde. Salieron muchas cosas de esas reuniones. Por ejemplo, Abril Martorell nos confesó que iba a dimitir, pero nos pidió que no dijéramos nada hasta pasados tres días. El hombre ante las mujeres se pavonea. Es el gallo. Nosotras les dejábamos que se pavonearan y asentíamos: "Ah, qué interesante, cuéntanos", y ellos caían en la trampa. "El ejército es cabezón y viejo y cuando nosotros lleguemos a España no la va a conocer ni la madre que la parió", nos dijo Felipe González. El grupo lo componíamos Raquel Heredia, Pilar Cernuda, Julia Navarro, Consuelo Álvarez de Toledo, Charo Zarzalejos y yo».

«El machismo era algo que se mascaba, incluso en los políticos democráticos —comenta Julia Navarro—. Creo que se daba más información seria a los chicos que a las chicas. Quizá por separado no habríamos conseguido desayunar con un ministro, pero todas juntas, representando a los medios que representábamos, conseguíamos que acudieran. Nos convertimos en un grupo muy potente. Pilar y Consuelo hacían la selección. Tuvimos mucha suerte y conseguimos muchas exclusivas. Al principio hubo cierto cachondeíto, pero luego hubo cola. Se convirtió en un foro de prestigio y los políticos se pirraban por venir. Conseguimos varias exclusivas: negociaciones Iglesia-Estado, algún capítulo de la Constitución. Iba todo tipo de gente. De la curia a banqueros. Duraron varios años. Terminó con Felipe González ya en La Moncloa. Se acabó porque se tenía que acabar. Ya no era necesario. No tenía sentido, el papel de la mujer había cambiado, ocupábamos las redacciones y redactábamos información política de manera natural. Además, teníamos que crecer. Y acabamos como el rosario de la aurora.»

Pilar Cernuda también lo recuerda: «Acabamos después de que Felipe González nos invitara a conocer la bodeguilla, con la condición de que no se supiera que habíamos estado en La Moncloa, pero Pilar Urbano lo publicó todo al día siguiente. Felipe se cabreó muchísimo, así que lo dejamos. El director del Ritz nos dijo que Pilar había registrado el nombre y nos fuimos al Palace».

Por su parte, Consuelo Álvarez de Toledo, que en aquel entonces estaba en Efe, recuerda cómo era el grupo: «Por aquel entonces había un grupo de periodistas que se reunían en el restaurante Nicolasa: Cebrián, Federico Isart, Aguilar... la nueva ola del periodismo masculino. Y se nos ocurrió hacer un desayuno con mujeres periodistas. Los grabábamos y tuvimos éxitos grandísimos, algunos muy difíciles, como el de los miembros de HB, Iñaki Ruiz de Pineda y Jon Idígoras. Fue muy complicado, les acusaron por hacer apología del terrorismo y fueron condenados, pero no entraron en la cárcel. No sé las demás, pero yo recibí amenazas».

Los desayunos del Ritz merecen, desde luego, tener su página en la historia del periodismo político y una página en la historia del periodismo femenino.

LAS REVISTAS

Quien haya vivido la transición española con un mínimo de interés, es decir, la gran mayoría de los españoles, recordará la importancia que las revistas tomaron en aquella época. Ya hemos hablado del aluvión de nuevas publicaciones y hemos citado a las míticas *Cuadernos para el Diálogo* y *Triunfo*, recuperada gracias a la red. Pero nacieron otras nuevas, con nuevo espíritu, que aún permanecen, aunque ya no son lo que eran. En las revistas se hizo mucho periodismo político y se colocaron algunas de nuestras periodistas. El motor de todas fue *Cambio 16*, donde escribieron con su pluma irónica Carmen Rico-Godoy, hija de Josefina Carabias, y Juby Bustamante. *Cambio 16* llegó a tirar 400.000 ejemplares en 1975, según cuenta Antonio Alférez en su libro *Cuarto poder en España*.

Otro grupo nacido en la transición fue el Grupo Zeta, cuyo motor fue la revista *Interviú*, que salió a la calle el 22 de mayo de 1976, sólo unos días más tarde que *El País*. *Interviú* era diferente a lo que se publicaba en España. El número cuatro de la revista llegó a 140.000 ejemplares gracias al reportaje «El fútbol español al desnudo» con Migueli, un jugador del Barcelona, con un balón por todo potaje. Y siguió dando que hablar y creciendo hasta los 300.000 ejemplares con Marisol, la niña prodigio del franquismo, en cueros. Los desnudos de *Interviú* hicieron furor. Nunca se había visto nada parecido. Comenzó el famoso destape femenino: Nadiuska, Agatha Lys, Bárbara Rey, María José Cantudo. En *Interviú* se curtieron algunas de nuestras periodistas, entre ellas Nativel Preciado con la entrevista: «Comencé en *Interviú*, una mezcla muy exclusiva de desnudo y denuncia que estaba muy bien. Había unos reportajes atroces, espantosos, de esos que te hacían saltar las páginas, desnudos, sucesos y entrevistas estupendas. Tenía mucha repercusión».

También colaboró María Eugenia Yagüe, hoy en otras lides, con la crónica parlamentaria: «Entré en *Interviú* y me metieron a hacer crónica parlamentaria, ya con negrita. Insultábamos a los pobres de Alianza Popular, que eran un encanto visto lo que hay ahora». Yagüe pasó a *Tiempo*, como Nativel.

Pero ya corría el año 82, y lo que primaba en esa época eran los escándalos, la corrupción, las Koplowitz, los Albertos, Mario Conde y las famosas fotos de Marta Chávarri.

OTRAS HISTORIAS

Hablando y escuchando a estas periodistas, las historias se suceden unas tras otras sin parar: la muerte de Franco, la famosa rueda de prensa de Carrillo, el 23-F… Sus anécdotas producen envidia sana a la nueva generación de periodistas.

Concha Bordona, a la que un director calificó de «avispa en mis cojones» porque «llevaba cosas que no podía rechazar, pero que eran molestas», recuerda lo siguiente:

«Efe siempre fue muy importante y todo el mundo esperaba que diera la noticia de la muerte de Franco. Yo avisé un día antes de que Franco tenía que estar muerto porque Solís salió llorando de la habitación diciendo: "Hija, hija, está muy malito, qué disgusto". Y para más inri vi corriendo a los embalsamadores, un padre y su hijo. Al hijo le había conocido yo en una fiesta el año anterior, bailando, y cuando le pregunté aquello de estudias o trabajas, me contestó que era médico forense... También tenía de contacto a una enfermera amiga de mi madre con la que acordé unas claves para hablarnos. Ella me dijo que la cosa estaba muy mal. Llamaron a presidencia y le conformaron, pero Efe necesita un montón de conformaciones y Europa Press se adelantó. Al día siguiente me colé en la habitación donde había estado Franco».

«Me metí toda la muerte de Franco —rememora Cernuda—. Mi primera información en la agencia fue la noche de los fusilamientos y luego todo lo demás. Nos pasábamos el día en el Congreso, y en las ruedas de prensa clandestinas, a las que tenías que ir con el carnet de identidad en la boca porque la policía estaba en la entrada. Yo no, pero cantidad de compañeros míos estuvieron en la cárcel sólo por informar. Nos convocaban por persona o por teléfono. A la famosa rueda de prensa de Santiago Carrillo nos convocó una persona del PCE. Cada uno se responsabilizaba de cuatro o cinco periodistas. A mí me llamó María Antonia Iglesias.»

María Antonia Iglesias también lo recuerda: «Mandé la crónica de aquella rueda de prensa desde una cabina, peseta a peseta. Fue una época muy particular que no se repetirá nunca. La clase política y los periodistas estaban en lo mismo, en conspirar por la democracia. Yo militaba en el Partido Comunista. Antes de comenzar la rueda de prensa de Santiago, nos hicieron dar veinte vueltas por Madrid. Al final acabamos en la calle Alameda. En la rueda de prensa, nos reunimos unos cincuenta. Fue una convocatoria tremenda. José Martín Prieto era el redactor jefe y él se lo contó a Jesús de la Serna, director de *Informaciones*. Tuvieron que mandar las galeradas del periódico a la censura. Seguíamos bajo el "amparo" de la Ley Fraga, pero en aquellas ocasiones preferían mandar las galeradas a que secuestraran el periódico. No sé por qué milagro permitieron que saliera. La noticia se publicó, por razones técnicas, en la contraportada. Había un primer cierre y el último era a la una. La rueda de prensa de Carrillo terminó a la una y media y entró de puro churro. Pararon las máquinas. Yo, que sigo siendo igual de pesada, escribía mucho y corregía mucho y siempre me sobraba material. Los artículos se montaban en planchas de metal y después las galeradas con plomo. Un señor se encargaba de quitar con pinzas las líneas que sobraban. Yo le acompañaba y le observaba como si me quitaran un hijo. Sabía leer al revés. Hacíamos virguerías».

Otro acontecimiento en el que todas se detienen es la de la noche del 23-F, por lo que representó para el país y supuso para la historia personal de ellas.

«Yo había soñado con el golpe militar, mi madre me hablaba del golpe, y cuando entraron en el Congreso me dije que esto era el golpe —recuerda Nativel Preciado—. Ese día, cuando me encontraba en el suelo con la Guardia Civil apuntándonos a todos los que estábamos en una habitación, me convertí absolutamente a la transición democrática. Me di cuenta de que habíamos estado jugando con algo muy valioso. En un primer momento, cuando entraron, escapé corriendo. Pero me los encontré mientras bajaba las escaleras y me metí en una habitación. Pensé en tirarme por la ventana, pero era un primer piso muy alto. Allí fueron a parar todos los escoltas de los políticos. Pasé mucho miedo, pero me sirvió para entender a Suárez y la lentitud de los cambios.»

Julia Navarro cuenta que estaba sentada entre Pilar Narvión y Charo Zarzalejos y que oyeron ruido, la voz de Tejero y disparos. «No me di cuenta de lo que estaba pasando, era todo muy confuso. Charo comenzó a llorar y Pilar Narvión nos calmó: "Niñas, estaros tranquilas y tomad nota. Esto es lo que los libros de historia llaman golpe de Estado". Me acuerdo de que se me caía el cigarro. Intenté salir y me encontré con una metralleta y una voz me ordenó que regresara adentro. Volví aterrada y se me rompieron las gafas. Los últimos periodistas en salir del Congreso fuimos Jordi Candau y yo. Pilar salió un poco antes. Me fui corriendo a la redacción. *Pueblo* tenía tres periodistas en el Congreso: Pilar hacía el análisis y Juanjo Calleja y yo la crónica. Estaba convencida de que nos iban a matar. Convencida.»

Pilar Urbano se zampó todos los juicios del 23-F y, según cuenta, tuvo problemas:

«Sufrí hostigamiento por parte de la ultraderecha cuando empecé a investigar el 23-F. Leer la instrucción sumaria de 28.000 folios era tela marinera. Fueron cuatro meses en Campamento, cuatro meses de servicio militar, entrando a las siete y media sin poder salir, comiendo de pie como los

caballos. Fui la única mujer periodista que siguió los juicios. Me leí los folios porque quería seguir el juicio ya que
esos señores me habían tocado las narices. Por aquel entonces organicé con otros periodistas el Colectivo Democracia:
Sotillos, Pedro Jota, José Luis Gutiérrez, Pedro Altares... lo
más granado del periodismo macho español. Nos jura-
mentamos defender la democracia española. Nos recibió el
rey. Como era la única mujer del grupo hacía de secretaria,
gerente».

Pilar asegura que en ese grupo no había otra mujer porque era necesario aportar información sobre el 23-F y ella
era la única que podía hacerlo: «En los juicios no hubo más
mujeres que yo». Continuaba en *Abc*, y en *Abc* había mucha
censura respecto al tema del golpe:

«Censura quiere decir que tenían intereses. En ese momento estaba Guillermo Luca de Tena de director. No era
normal. Esperaban a que escribiera la crónica, pero era in-
comodísimo. Querían que pusiera "el excelentísimo señor
Milans del Bosch" que era toda una línea. Así que al final
pensé que con toda la información escribiría un libro. Fue
mi primer libro en solitario». Aquel libro, *Con la venia, yo
indagué en el 23-F*, se convirtió en un extraordinario éxito
de ventas.

Y EN PROVINCIAS, ¿QUÉ?

Como señalamos en un capítulo anterior, Rosa Paz, hoy
subdirectora de *La Vanguardia*, llegó al diario *La Nueva
España* en Huesca. «Teníamos agencias y corresponsales

en los pueblos. Trabajaban veinticinco en el taller, cinco en redacción y cinco en administración, como si estuviéramos en el siglo pasado. En 1983 me nombraron directora de *La Nueva España*. ¡Directora! Ya hubo una en el *Diario Hierro* de Bilbao. No soy consciente de que mi caso fuera una revolución, pero sí hubo anécdotas divertidas. Yo ya no llevaba los vestidos indios de finales de los setenta que tanto habían impresionado a mi llegada a Huesca, pero lucía vaqueros. Recuerdo un hombre que quiso ver al director, y cuando le dije que yo era el director, me miró de arriba abajo, se fijó en mis botas fucsia y puso un careto alucinante; no daba crédito.»

Rosa, que empezó su labor de directora ya en democracia, admite que tenía más presiones de las fuerzas vivas de Huesca que de las instituciones políticas. «La gente del periódico estaba acostumbrada a hacer lo que quería. Había un señor que escribía de la Virgen cada quince días y decidí que aquello se había terminado. Él empezó a decir que era una atea y que tenía algo en contra de los militares y que su cuñado era militar y que iba a escribir al rey. Ése era el tipo de presión que recibí. La gente pretendía que publicara sus artículos íntegramente. Y claro, eso no. Yo introduje el periodismo moderno en Huesca.»

En Valencia, Consuelo Reyna, una mujer muy polémica en esa ciudad, también dirigió un periódico. Su familia era propietaria de *Las Provincias*, diario al que se incorporó después de estudiar en la Escuela de Periodismo en Madrid a principios de los sesenta, y trabajar en Colpisa, como subdirectora en 1972. En 1992 la nombraron directora hasta el año 1999, en que la cesaron. Así recuerda el 23-F:

«Aquí fue muy duro, con la ciudad tomada por los tanques. Estábamos trabajando con la radio puesta cuando oímos los disparos. Unas horas más tarde, Milans mandó a dos soldados y dos tenientes con su bando a todos los periódicos y por si las moscas dejó dos propios en la puerta con algo más que el bando. Nos dieron permiso para sacar el periódico. Mandé a casa a todo el que no era de plantilla. Valencia seguía tomada después de que saliera el rey. Yo hablé con el gobernador civil y con su mujer; el gobernador tenía a un soldado con una pistola encima de la mesa».

Y LOS AÑOS HAN PASADO...

Hoy por hoy, las secciones de nacional y política siguen dominadas por los hombres, al menos en los cargos de redactores jefes y similares. ¿Y dónde están las mujeres que contaron la transición? Algunas en su sitio, informando, explicando; otras en opinión, en las tertulias políticas de las radios y en columnas de algunos medios. Sin embargo, es muy escasa la presencia de las mujeres en los consejos editoriales y entre las columnistas. «Lo más preocupante es que en los medios de comunicación no hay mujeres haciendo opinión —reflexiona Sol Gallego-Díaz, premio de periodismo Francisco Cerecedo 2007—, no hay mujeres en los consejos editoriales, poquísimas mujeres en las tribunas de opinión, pocas columnistas en general. *The New York Times* sólo tiene una única columnista, una única mujer creadora de opinión. Es increíble.» Pero ¿en qué ha cambiado la manera de hacer información?

YO HICE LA TRANSICIÓN . 125

Isabel San Sebastián no cubrió la transición. Ella comenzó con información política en 1993. Pero desde entonces también han cambiado las cosas. «Cuando yo empecé,
ibas al Congreso y comenzabas a hablar con un ministro;
ahora tienes que pasar por tres asesores, ¿esto qué es? Antes te daban las intervenciones, pero ahora te dan el título
del discurso y el resumen. Pero lo peor es que hay mucha
gente que lo copia. Te lo dan todo mascado, nadie pregunta en las ruedas de prensa y es difícil acceder por la acumu-
lación de televisiones, radios, etc. Es imposible acceder a
nada. La gente joven lo tiene muy complicado. El periodismo de hace quince años era más comprometido, el de hoy
está adormecido. Ves que la gente joven está con un micró-
fono recogiendo lo que buenamente le quieran decir, pero
no hay ningún tipo de contacto personal. Hay una actitud
más dócil, que da el medio televisivo. Los políticos están
encantados. Es una situación de política de empresa y a los
periodistas nos han dejado relegados a portamicrófonos o
portalibretas. Hay excepciones, desde luego.»

Todas opinan de forma similar: unas hacen hincapié en
la existencia de asesores y gabinetes de prensa que intentan
alejar al periodista de su presa. Y la mayoría habla del periodismo declarativo. Nativel Preciado opina que «el periodismo declarativo se ha instalado. Creo que se debería tomar medidas porque todos los gabinetes de prensa crean
una información continua y eso para nuestro oficio es muy
cómodo. En todos los sitios hay gente creando opinión. Antes no había ese mecanismo sofisticado del mercado y eso
lo daña». Es la misma posición de Julia Navarro: «No había
tantas ruedas de prensa como ahora. Era un periodismo

más combativo, de buscar noticias. Ahora se cita a los periodistas, se dicen unas declaraciones y se van. Me irrita que a veces no permitan preguntas. Además, ahora se ha vuelto a la trinchera. Antes en la transición había una única trinchera: conseguir que este país tuviera libertades. Y cuando eso terminó todo el mundo se normalizó y cada uno buscó su sitio. En el momento que un partido comienza a gobernar comete errores y aciertos. La luna de miel no puede ser eterna con la prensa escrita. Y todos los gobiernos han presionado. Creo que los últimos años del PP fueron terribles, pero eso no exime a los socialistas. Los socialistas también tenían su lista con gente que no les gustaba. El poder con los medios siempre tiene comportamientos parecidos. Los políticos consideran que los ciudadanos tienen que saber sólo lo que ellos quieren que se sepa. "No, no se puede saber", te dicen. Pero ¿cómo que no se puede saber? ¡Si está usted al servicio del ciudadano! Tengo que decir que de todos los políticos el que más encaje tuvo con la crítica fue Felipe. Los años de Aznar fueron terribles, de persecución implacable a todos los que no estuvieran con ellos; presionó a los medios para que prescindieran de la gente que no les gustaba».

Sol Álvarez-Coto tampoco es muy optimista con respecto al periodismo que se ejerce hoy. «No me gusta el periodismo. No se está detrás de la verdad. Hay muchos intereses; no sólo políticos, también empresariales. Hay mucho periodismo espectáculo y se ha politizado mucho. En la época de la transición había más libertad, era una competencia normal. Ahora tienes que estar en un bando. Y se entrecomilla. Esto no es el periodismo que yo disfruté. La política no me interesa. Tengo curiosidad, pero ya no tan compulsiva. No, realmente, no me gusta cómo está el periodismo».

No son muy optimistas en cuanto a la profesión. Y es que la transición marcó a toda una generación. La siguiente, más audiovisual, la que ahora está en el meollo del oficio, no tardaría en aparecer. Llegaron en los ochenta.

NOSOTRAS QUE CONTAMOS

MUJERES PERIODISTAS EN ESPAÑA   INÉS GARCÍA - ALBI

Retrato de Carmen de Burgos «Colombine», la primera mujer en España que ejerció el cargo de redactora de un periódico.

Abajo. Con sólo 23 años, Josefina Carabias escribía para *Estampa*. En esta instantánea entrevista a Victoria Kent, directora general de Prisiones durante la Segunda República.

Estampa, 25-4-1931

Abajo derecha. En 1951, Josefina Carabias recibió el premio Luca de Tena. Su segunda etapa como periodista, después de un tiempo en el exilio, supuso la consagración definitiva de su trabajo.

Abajo izquierda. Carabias entrevista a Valle-Inclán. Según narra en el libro *Como yo los he visto,* «al igual que los jóvenes de mi época –chicos y chicas– estaba seducida por los intelectuales de entonces y ansiaba ver alguno».

Crónica, 5-1-1936

Pilar Narvión con la Pasionaria. Narvión comenzó a escribir en la revista *Domingo* una novela corta por entregas, cuando nadie en la redacción sabía que sólo tenía trece años.

Pilar Narvión entrevista a Mario Vargas Llosa. Según ella, «una de las profesiones que ha tenido un asalto más rápido y triunfal por parte de las mujeres ha sido el periodismo. Ha costado más tiempo que se llenasen los quirófanos de mujeres que los periódicos».

Con ocho hijos que criar, el caso de Pura Ramos ejemplifica el duro camino de la conciliación entre familia y trabajo para las primeras mujeres periodistas.

Mary G. Santa Eulalia recuerda
que «la mayoría de mis amigas,
amas de casa, me miraban y
pensaban "ésta se sale del
tiesto". Mi mundo siempre ha
sido muy de hombres». En la
fotografía la periodista participa
en una mesa redonda sobre
cine en 1982.

Pilar Urbano entrevista al
escritor Ramón J. Sender
durante un acto celebrado en el
Ateneo de Madrid en 1974.

Pilar Cernuda cubrió en 1976 la
reincorporación del profesor
José Luis López de Aranguren a
su cátedra de Ética y Sociología
en la Facultad de Filosofía y
Letras de la Universidad
de Madrid después de once años
de suspensión.

El País, diario de referencia durante la Transición, apostó por una mujer, Soledad Álvarez-Coto, para dirigir la sección de Nacional.

Manuel López Rodríguez

Prisacom

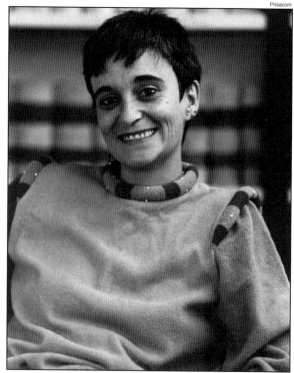

Rosa Montero: «Cuando llegué a Alicante, en los setenta, a pedir trabajo por las redacciones, me contestaron que no me podían contratar porque no contrataban a mujeres».

Las mujeres estuvieron en la primera línea del periodismo que se realizó durante la Transición. En la fotografía, Julia Navarro flanqueada por Adolfo Suárez y Santiago Carrillo.

Rosa Villacastín, más conocida ahora en el ámbito de la crónica social, comenzó en Cultura y más tarde cubrió información política.

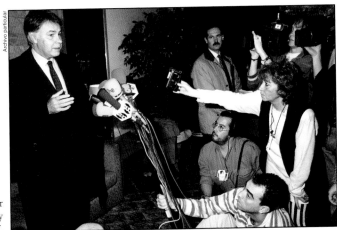

Concha Bordona entró a trabajar en la agencia Efe en 1972 y todavía continúa allí.

Aunque María Antonia Iglesias empezó su carrera periodística en el diario *Informaciones*, ha realizado gran parte de su trabajo posterior en la televisión: fue directora durante año y medio de *Informe Semanal*, y pasó a ser la primera mujer que dirigió los servicios informativos de Televisión Española.

Soledad Gallego-Díaz, que ha sido subdirectora de *El País*, reflexiona sobre el camino que todavía tienen que recorrer las periodistas: «No hay mujeres en los consejos editoriales, poquísimas mujeres en las tribunas de opinión y pocas columnistas en general».

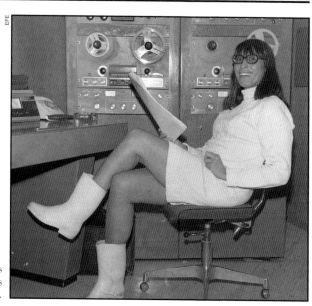

Juana Ginzo, una de las voces más populares y comprometidas de Unión Radio.

En la radio siempre hubo mujeres, pero como dice Ángeles Afuera, actual jefa de documentación de la SER, «a la hora de presentar los espacios informativos, siempre se ha confiado en los hombres».

José Luis Rodríguez Zapatero, secretario general del PSOE, conversa con Nativel Preciado durante una intervención en el programa *La ventana*, de la cadena SER, en 2001.

Gemma Nierga, una de las voces femeninas más reconocidas de la radio española, lleva al frente de *La ventana* desde 1997.

Àngels Barceló asegura que «a las presentadoras de televisión se las busca por el físico. No importa que los chicos no den bien en cámara porque se les supone su inteligencia. Pero las chicas tienen que ser guapas».

Mercedes Milá junto a Isabel Tenaille durante la grabación del programa de Televisión Española *Dos por dos* en 1978. El espacio se convirtió en un clásico de programación innovadora.

Causando gran expectación en todos los medios, Mercedes Milá entrevistó en 1990 a Juan Guerra, hermano del vicepresidente del gobierno, en el programa de Televisión Española *El martes que viene*.

Isabel San Sebastián fue despedida de Antena 3 por negarse a echar a un tertuliano. «Ser independiente ahora mismo es muy complicado. No es un problema de discriminación sexual, pero en general nosotras somos menos dóciles, menos sumisas y más prescindibles.»

Pepa Bueno dirige *Los desayunos de TVE*. «Elegí no masculinizar mi posición de mando. Creo que nosotras tenemos una mirada más compleja, nos fijamos en cosas que ellos pasan por alto y eso te hace tener mejores relaciones personales con el equipo, sacando lo mejor de cada uno».

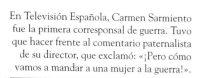

En Televisión Española, Carmen Sarmiento fue la primera corresponsal de guerra. Tuvo que hacer frente al comentario paternalista de su director, que exclamó: «¡Pero cómo vamos a mandar a una mujer a la guerra!».

Marisol Marín se convirtió en la segunda mujer delegada de Efe cuando en 1983 la destinaron a La Habana.

Rosa María Calaf, periodista de Televisión Española, cuenta que «para ser corresponsal es un problema tener familia. Hay pocos maridos dispuestos a dejar el trabajo para amoldarse al de sus mujeres. Si tienes hijos pequeños, muchas cosas que yo he hecho serían imposibles. A veces me he ido para dos semanas y he estado tres meses sin regresar».

Teresa Aranguren, responsable de Internacional de Telemadrid y consejera de la nueva corporación de RTVE, cubrió la guerra entre Irak e Irán desde Teherán, donde fue la única mujer corresponsal, junto a una fotógrafa libanesa.

Almudena Ariza consiguió convencer a sus jefes en Televisión Española de que lo que quería era ser reportera: «Lo primero que hice es el 11 de septiembre, y a partir de ahí Pakistán, invasión de Irak, el *Prestige*, terremotos, el tsunami. Ha sido una época apasionante». En la foto rezos en Indonesia después del tsunami.

Maruja Torres ha sido enviada especial de *El País* en múltiples ocasiones a zonas de conflicto bélico.

Como corresponsal en Rusia de *El País*, Pilar Bonet ha vivido en primera persona acontecimientos como el desmembramiento de la URSS, la era Gorbachov y el fin de la Guerra Fría.

De Pablos, Prensa Gráfica, 23-9-1975

Juby Bustamante, referente en la historia del periodismo cultural, en la redacción de *Cambio 16*.

EFE

EFE

Blanca Berasategui, actual directora de
«El Cultural» de *El Mundo*, recibe el premio
Javier Bueno de la Asociación de la Prensa en
2004, compartido con el fotógrafo José Pastor.

Elisenda Nadal entrega a José Luis López Vázquez el premio
Fotogramas de Plata a la mejor interpretación de televisión en
la ceremonia de 1973.

Esperanza Navarrete, en la foto con Tita Cervera y la delegada de Cultura de España en Pekín, lleva trabajando en *Lecturas* desde 1986.

En 1993 Cristina García Ramos inició la longeva andadura de *Corazón, corazón*. «Lo que tuve claro es que quería hacer un informativo y alejarme de la tertulia. A mí me gusta la información y no la opinión.»

Ana Botella y Esperanza Aguirre acompañan a Covadonga O'Shea, directora de *Telva*, en el acto de entrega de las T de la moda en 2001. Retirada del periodismo, actualmente preside el Instituto Superior de Empresa y Moda.

Archivo particular

Archivo particular

Toña Bosch, después de su comienzo en la radio, terminó siendo una de las primeras españolas en hacer reportajes de moda.

María Eugenia Alberti fue el motor de la revolucionaria revista femenina *Dunia*, que durante la Transición reflejó temas como la píldora o el divorcio.

Ana Nance

Gloria Rodríguez

Joana Bonet, directora de *Marie Claire*, tiene claro que «gracias a la prensa femenina la mujer se ha conocido mejor, le ha ayudado a posicionarse, a mejorar su autoestima».

InStyle, una de las últimas revistas femeninas incorporadas al mercado, está dirigida por Ana Santos. «Las lectoras ahora no buscan lo mismo que antes; ahora buscan un refugio, un momento, quieren servicio y entretenimiento. Antes había que justificar que, aunque compraras una revista femenina, eras inteligente, pero ahora es absurdo pensar que una mujer que lleva tacones o se maquilla no lo es.»

6

Con voz y cara

En los años ochenta y noventa las universidades se llenaron de mujeres. La paridad llegó a las aulas. Ya la Constitución de 1978 proclamaba que todos, hombres y mujeres, éramos iguales. Se acabó eso de pedir permiso al marido para ir a trabajar, sacarse el pasaporte o abrir una cuenta, y también lo de cobrar menos por el mismo trabajo. Pero una cosa era lo que ponía en la Constitución y otra, que la sociedad se amoldara a los nuevos tiempos con rapidez. También era una cuestión de educación. El machismo no se entierra fácilmente porque hoy, treinta años más tarde, seguimos hablando de desigualdades salariales, de discriminación laboral por motivos de género y de la dificultad de conciliar casa y trabajo. Y no son hechos aislados, pasan en las mejores familias. Ima Sanchís, periodista de esta generación, entrevistadora de «La Contra», una de las secciones estrella de *La Vanguardia*, sabe lo que es. «Cobro menos que Víctor [Amela] y Lluís [Amiguet], y eso que "La Contra" es una iniciativa mía que le propuse al antiguo director de *La Vanguardia*, Juan Tapia, él lo puede corroborar. En cuanto a la menor retribución por el mismo trabajo y siendo autocrítica, creo que en parte se debe también a la falta de estrategias femeninas a la hora de negociar. Yo espero a que valoren mi trabajo, a que "me premien", en lugar de valorarlo yo misma y ponerle precio. El periodismo es un mundo dirigido por hombres donde se trabaja innecesariamente (tal y como demuestran los periódicos punteros europeos) hasta más allá de las 20.30 o 21.30 de la tarde. Cuando las mujeres deciden tener hijos ese horario es incompatible con la maternidad, de manera que las mujeres deben acabar renunciando a cargos de responsabilidad si no quieren abandonar a los hijos. El problema está ahí. Algunas lo padecen y otras no, pero está.»

En los inicios de los ochenta, las mujeres empiezan a ver la luz con leyes como la ansiada Ley del Divorcio (1981) o la controvertida Ley del Aborto (1985). Es cuando comienza a salir toda una nueva generación de mujeres periodistas que ha estudiado en aulas repletas de mujeres y hombres y que se lanza a la búsqueda de trabajo. Ellas quieren seguir contando. Pero a diferencia de las generaciones precedentes, estas mujeres encontrarán un mercado laboral más amplio gracias a los inicios de una sociedad audiovisual que se expande a toda velocidad: emisoras de radio, televisiones privadas, autonómicas. Unos medios a los que hay que sumar en esta última década la información *online* y los periódicos gratuitos. Enchufemos la radio y encendamos la televisión.

UN PASEO POR LAS ONDAS. MÁS QUE UNA VOZ BONITA

Por los pasillos de RNE y la cadena SER siempre se había visto mujeres. Se necesitaban voces femeninas. Por contraste. Una radio sólo con voces masculinas hubiera sido un fracaso. Seguro. Además las radionovelas, que constituían el top de las ondas, necesitaban actrices. Allí encontramos a muchas mujeres como Juana Ginzo que se convirtieron en las estrellas del momento. Pero las periodistas no eran requeridas, no se necesitaban. Es verdad que antes de la guerra destacaron mujeres como Julia Calleja y Josefina Carabias, que tuvieron un papel activo en el diario *La Palabra* de Unión Radio, pero la dictadura torpedeó todo intento incipiente de crear una radio informativa. Las emisoras tenían la obligación de conectarse a RNE y dar el boletín oficial.

Las mujeres que entraban como locutoras tenían que superar unas pruebas. No podía entrar cualquiera. Toña Bosch recuerda cómo entró en Radio Juventud Barcelona en el año 54: «Era una prueba de cultura general, a mí me preguntaron cómo se colocaban los músicos en una orquesta, cómo se llamaba Picasso, y cuando yo dije Pablo Ruiz, se quedaron muy contentos. Eran unas pruebas ridículas y luego había que leer, leer mucho e inventarte una entrevista. El puesto era de locutora de estudio. Sólo había que leer. Había tantas locutoras como locutores».

En esa misma década, en 1957, llegó María Teresa Campos a Radio Juventud de Málaga. Tenía quince años cuando asistió con su prima a un programa de radio cara al público. Un concurso en el que había que leer una poesía. Lo hizo bien y el jefe de emisiones le pidió una prueba. Y entró. Lo recuerda así en su libro de memorias, *Mis dos vidas*, donde también habla de las mujeres que poblaban Radio Juventud.

> Me enriqueció mucho esa radio que era la radio de los locutores: los que escribían no hablaban. He hecho desde programas de música hasta de toros o cine. Llegué a una radio donde había mujeres que me doblaban la edad y muchas de ellas eran de la Sección Femenina. No hay que olvidar que era la radio del movimiento, la que dependía de la delegación de Juventudes, y allí había gente que pertenecía a la Falange y otros, como mi hermano Paco y yo, que no. Era también la radio de los discos dedicados; por eso me sé tantas canciones.

Así que había mujeres, pero no eran periodistas. Sólo necesitaban bustos parlantes. Hay que destacar que la radio era un medio predominantemente femenino. La escuchaban sobre todo las mujeres y de ahí la importancia que tuvieron los seriales radiofónicos como *Ama Rosa* o, el último de ellos, *Simplemente María*, y los consultorios femeninos como el de Elena Francis. Ni que decir tiene que la mujer en esos programas cumplía con su papel de madre y abnegada esposa sufridora.

Julita Calleja entró en RNE en 1952 como presentadora-locutora y más tarde llegó a ser directora del departamento de programas de entretenimiento y variedad. Se encargó de *La hora de la mujer*, que más tarde se llamaría *Fémina*. Calleja fue una de las estrellas más emblemáticas de Unión Radio, donde ingresó en 1935. Su voz era la encargada de dar las noticias de la cadena. Fue una de las voces que se recuperó tras la guerra y se convirtió en la década de los cuarenta en la voz femenina de Radio Madrid como locutora de continuidad, de los anuncios publicitarios y del programa femenino *Hablando de nuestras cosas*.* Los espacios dedicados a las mujeres van cambiando, pasan de ser meros transmisores del modelo femenino impuesto por la dictadura a convertirse en espacios donde otra clase de mujer tiene voz y opinión.

En 1968, María Teresa Campos se incorporó en Málaga a la COPE; fue allí, según cuenta en sus memorias, donde empezó a comprometerse en el tema de la mujer. En 1972 puso en marcha un programa feminista titulado *Mujeres 72*. «Lo estuve haciendo hasta 1980. Pero en sus inicios contaba con mujeres que estaban en la clandestinidad, en el Movimiento Democrático de la Mujer. Muchas de ellas eran de organizaciones sindicales, de Comisiones Obreras, del Partido Socialista, de la Asociación Democrática de Mujeres. Nos dejaban lanzar la emisión al aire, pero, eso sí, a altas horas de la noche.»

Ángeles Afuera, la memoria de la cadena SER, hoy jefa de su servicio de documentación, entró gracias a un programa dedicado a las mujeres. «Llegué a la radio en 1977. Había estado trabajando en varios sitios como colaboradora y además estaba metida en grupos feministas. Me comentaron que Carmela García Moreno, diputada de UCD, estaba

---

* Blas, Isabel, «Comunicación e información de mujeres para mujeres», en *Españolas en la transición. De excluidas a protagonistas (1973-1982)*, Editorial Biblioteca Nueva, Madrid, 1999.

buscando a alguien que le asesorase en temas de la mujer. Y me fui con ella. Había mucho que hacer y a Carmela se le ocurrió montar un programa de radio, así que nos fuimos a la SER y se lo propusimos al jefe de programas, Tomás Martín Blanco, que aceptó. Se llamó *Las Ciudadanas* y se emitía a las cinco de la tarde, la hora de la radionovela. Hablábamos de todo: del divorcio, del aborto, de los anticonceptivos, de los derechos de las mujeres en todos los aspectos. Vinieron diputadas del PSOE y realizamos reportajes. Era un programa que duraba veinte minutos y que estuvo en antena dos años. Era muy periodístico. Lo dirigía yo y contaba con Alicia López Budia como locutora. Recuerdo que lo patrocinaba una casa de vajillas.»

LA RADIO INFORMATIVA. LLEGAN LAS PERIODISTAS

El 3 de octubre de 1977 se concedió, a través de un real decreto, la libertad de información a las emisoras. Fue el fin del monopolio informativo de RNE y el inicio de la radio informativa. Había que montar redacciones, plantilla, reciclar locutores, contenidos. El cambio no se produjo de la noche a la mañana. Algunos ya habían movido ficha.

«En los años setenta volví a Radio Juventud, pero me metí en informativos; también entré en la universidad —recuerda María Teresa Campos—. Me daba perfecta cuenta de que la radio iba a cambiar. Los periodistas, que la habían despreciado por considerarla un medio de segunda categoría, empezaron a desembarcar en las emisoras. Comenzó a abrirse un poquito y rápidamente intuí que nuestros nuevos compañeros nos iban a decir que nosotros éramos simples locutores. Por eso quise estar preparada y me matriculé en la Facultad de Filosofía y Letras, con la intención de convalidar la diplomatura y hacer luego Periodismo, cosa que finalmente no llevé a cabo.»*

Algunas emisoras se anticiparon organizando redacciones para cubrir la información local. Así, por ejemplo, en Radio Sevilla, donde llegó en 1972 Iñaki Gabilondo, y en Radio Barcelona, al mando en esa época de Carlos Sentís, se tendía ya a una radio informativa creando redacciones con periodistas. En Barcelona, por cierto, la primera redacción periodística estuvo dirigida por Mari Cruz Hernández y, en Sevilla, Gabilondo creó una redacción para la realización de las distintas emisiones informativas locales y como cobertura territorial andaluza de los dos informativos de la cadena en esos momentos: *Matinal Cadena Ser* y *Hora 25*. Sentís formó una miniplantilla de jóvenes periodistas y Gabilondo recurrió al reciclaje periodístico de locutores del departamento de programas como María Esperanza Sánchez.**

En 1977 las radios se abren, por fin, a informativos. Y las mujeres que habían estudiado periodismo encuentran acomodo en las radios locales de sus ciudades y pueblos. Ese año encontramos a Julia Otero en Radio Sabadell, donde dirigió *Protagonistas, el cine*, para pasar en 1981 a Radio Juventud como redactora de informativos. En 1979 Con-

---

* Campos, María Teresa, *Mis dos vidas. Memorias*, Planeta, Barcelona, 2004.
** Balsebre, Armand, *Historia de la radio en España* (2 vols.), Cátedra, Madrid, 2002.

cha García Campoy entró en la COPE de Ibiza dirigiendo *Antena Pública*, dentro de los servicios informativos de la cadena, y Mercedes Milá se inició en las ondas en Radio Peninsular en el programa de Luis del Olmo. «Estaba en la unidad móvil. Me pasaba el día en la calle», recuerda Milá. También comenzó entonces Nuria Ribó: «Empecé en la SER, en el año 77, en Radio Barcelona. Estaba Fermín Bocos de jefe de informativos. Hice política, mamé la redacción del primer Estatut (¡tan diferente al de ahora!), las elecciones, la victoria del PSOE... era todo más cercano».

Y siguieron aumentando. En la radio siempre hubo mujeres, pero como bien dice Ángeles Afuera el machismo estaba presente «en la falta de confianza en que una mujer dirigiera un informativo. Tradicionalmente han sido hombres, pero el peso de muchas secciones ha estado en manos de mujeres. Aquí ha habido mujeres jefas de nacional o de economía, pero a la hora de presentar los espacios informativos, siempre se ha confiado en los hombres». Y así continúan las cosas: las mañanas para los hombres y las tardes y fines de semana para las mujeres. Aunque la situación está cambiando: actualmente, Julia Otero y Olga Viza tienen su espacio por las mañanas.

Una de las características de muchas de estas profesionales es su dualidad a la hora de trabajar tanto en la televisión como en la radio. Y muchas incluso hacen doblete. No son todas, pero sí las más conocidas. Es en esta época cuando nace la periodista polivalente que escribe, habla en radio y televisión, ya sea dando una opinión —cada vez hay más voces femeninas en las sesudas e importantes tertulias matutinas conducidas por hombres: María Antonia Iglesias,

Isabel San Sebastián, Margarita Saéz-Díaz, Magis Iglesias, Charo Zarzalejos, entre otras—, como dirigiendo algún programa. Ima Sanchís se queja de esta moda: «Cuando alguien destaca un poco, las ofertas son insólitas, sirves para hacer radio, televisión, lo que sea. Y, oiga, no, yo hago entrevistas, pero si hago veinte cosas a la vez lo voy a hacer mal. Depende de la integridad que tengas, pero depende también de los salarios. A mí me han ofrecido un programa de tarde. ¿Y qué pasa con esto? Pues que el periodista se convierte en un bien de consumo, de repente el periodismo se pone de moda y sirve para todo. El periodista es un personaje anónimo por definición. Yo hago preguntas y me debo al lector y es mi boya de salvación; mi relación es con el lector, que me envía cartas, que me llama, me cuenta».

La creación de las televisiones y radios autonómicas dio también trabajo a muchas periodistas. Así, Àngels Barceló entró en 1983 en Catalunya Ràdio y más tarde saltó a TV3. Y Gemma Nierga comenzó en un programa muy local: su voz se oyó por primera vez en 1984 en Radio Vilassar de Dalt en un espacio de cine: «Estudié en Bellaterra, donde había masificación y la presencia de la mujer era muy alta, así como su incorporación al mundo laboral. Entré en Radio Vilassar de Mar en un programa de cine. El programa lo llevaba Enric, un amigo mío, y yo era su ayudante. Trabajé durante toda la carrera. Luego me dieron otro programa de recetas de cocina. Siempre he hecho estudio. La única vez que hice calle es cuando entré en la cadena SER en 1989 y trabajé en reportajes, pero siempre en programas, nunca en informativos». Nierga opina que «la presencia de la mujer en la radio va ganando plazas. Hay muchas mujeres en la redacción, pero a medida que vas subiendo escalones empiezan a escasear. Hay pocas mujeres directoras de programa, pero menos en la dirección de las empresas. Yo estoy contenta en la cadena SER porque cada vez hay más voces de mujeres. Ya no hay marcha atrás y eso es muy positivo. El famoso techo de cristal lo crea la mentalidad de las empresas, que es una mentalidad masculina. Confían en los hombres para los puestos directivos, pero ésa es una batalla que ya está ganada».

Pepa Bueno, que hoy dirige *Los desayunos de TVE*, también comenzó en los años ochenta en la radio. «Entré en Radio Cadena haciendo información en Badajoz, Cáceres, Plasencia, Teruel, y pasé a Zaragoza como jefa de información. Me acuerdo de que con veinticinco años tuve que gestionar la compra de Radio Huesca, y mi padre me preguntó: "Hija, ¿has firmado bien?". No tuve problema en llegar a ser jefa, pero sí he visto el interrogante en muchas caras: ¿esta niña tan joven y ya mandando?, ¿qué habrá hecho ésta? Notaba mucha resistencia y te encuentras de repente en la tesitura de masculinizar tu comportamiento para que te respeten. Hubo un momento que tuve que elegir la manera de mandar y decidí no dar voces, no masculinizar. Y es que creo que nosotras tenemos una mirada más compleja, que nos fijamos en cosas que ellos pasan por alto y eso te hace tener mejores relaciones personales con el equipo, sacando lo mejor de cada uno. No es que ellos tengan una incapacidad biológica, no; ellos sólo se tienen que ocupar de mandar y nosotras además estamos preocupadas de lo que opinan de nosotras, nos importa que tengan un buen concepto de nosotras como jefe.»

También comenzó en la radio a principios de los ochenta Almudena Ariza. «Entré en *Los 40 principales* y luego me pasé a informativos con Carmelo Encinas, que estaba poniendo en marcha la redacción de Madrid, un proyecto muy interesante, muy de calle y de reporterismo. A mí me gustaba la radio. Creía que no iba a encontrar nada parecido a eso. Estuve con Gabilondo y con veintidós años fui subdirectora de *Matinal Cadena Ser.* Fue cuando me di cuenta de que no me interesaban nada los cargos de responsabilidad, ni dirigir equipos, porque siempre he sido muy autónoma, me gusta buscarme la vida. De allí pasé a Radio Móstoles, que fue la primera emisora local en España que emitía programación propia las veinticuatro horas del día. Fue fantástico, porque nos encargamos doce o trece chavales jóvenes y nos dejaron hacer todo. Lo diseñábamos nosotros, lo producíamos todo.»

Por lo que estamos viendo, las profesionales de esta generación no encontraron tantas trabas como las anteriores para asumir puestos de responsabilidad. La conversación con ellas es otra, hablamos de cómo mandan las mujeres, de la conciliación, de la maternidad, de las dificultades a la hora de pedir una reducción de jornada en un oficio en el que no hay horarios y también de discriminación. Muchas de las entrevistadas dicen que ellas no han sido (o piensan que no han sido) discriminadas, pero reconocen que muchas de sus compañeras sí. No es el caso de Àngels Barceló, que se indigna cuando habla de su paso por los informativos de TV3. «Me fui de TV3 después de trece años cuando se decidió que los presentadores de informativos podían editar sus propios telediarios, podían ser los directores. Yo llevaba trece años en la casa y como no era presentador sino presentadora, no se me dio la posibilidad de editar, de dirigir los informativos. Me fui porque me sentí muy maltratada, porque compañeros míos que habían llegado más tarde y que incluso eran peores que yo tuvieron la oportunidad de dirigir los informativos. Cuando fui a hablar con dirección me dijeron que no era un tema de sexismo. Yo sí lo creía y me fui.»

En Tele 5 fue la primera editora de informativos de la cadena privada. «Sí noté una diferencia, por ejemplo en el consejo de administración desde que yo entré [1997] hasta que me marché [2005]. En cuanto a la incorporación de mujeres, estaba la jefa de producción y muchas subjefas.»

¿Y actualmente cumplen las radios la paridad o estamos todavía a años luz de alcanzarla? En Radio Nacional, en el consejo de dirección, hay dos mujeres, una que lleva la dirección de los servicios informativos y otra que es la subdirectora de redacción. De las 63 emisoras territoriales de RNE en España, 14 están al mando de mujeres entre directoras y delegadas. En la COPE, hay dos mujeres en dirección, una se encarga de marketing y la otra es jefa de prensa, cargo, por otra parte, que casi siempre está en manos femeninas. De las 145 emisoras del territorio nacional, sólo 9 están dirigidas por mujeres. En el consejo de administración de Punto Radio, de siete miembros, una es mujer; en el comité de dirección, de diez personas, tres son mujeres, y de las 65 emisoras, 10 las dirigen mujeres. En Onda Cero, en el Comité Ejecutivo no hay mujeres, y en el Comité de dirección, de once miembros, sólo una directora. En cuanto a las 97 emisoras territoriales, 11 las llevan mujeres. Y por último, la cadena SER, donde de los 21 miembros de dirección, dos son mujeres, y de las 207 emisoras reflejadas en la agenda 2007, 27 tienen nombre de mujer. Es decir, las redacciones están llenas de mujeres, pero nadie cumple con la paridad. Todas suspenden. Como en los medios escritos.*

Y AHORA, A DAR LA CARA

En el año 1956 llegó la televisión a España. La incorporación de la mujer fue lenta, pero imparable. Desde el principio hubo rostros femeninos, pero eran presentadoras como Laurita Valenzuela, que se convirtió en una estrella mediática. Las periodistas tardaron en llegar a la redacción de informativos. Una de las primeras fue Blanca Álvarez, que presentó varios espacios y que en 1970 tuvo a su cargo los programas infantiles.** En la redacción de informativos, la primera mujer que trabajó fue Elena Martí. En el libro *Religión catódica, 50 años de televisión en España*, de Yolanda Veiga e Isabel Ibáñez, se refleja el siguiente testimonio: «Desembarqué en informativos en 1970. Previamente había sido locutora en la segunda cadena. Mientras estudiaba Periodismo y Filosofía y Letras, llegué a los informativos gracias a una carta que le escribí a Pepe de las Casas. "Estoy acabando periodismo y quiero salir de aquí", le puse. Pues en quince días lo resolvió, algo completamente milagroso. "Sí, vente, porque necesitamos gente joven, y...

* Datos extraídos de la *Agenda de la Comunicación 2007*.
** Blas, Isabel, *op. cit.*

¡mujeres, además! Estupendo." Como redactora de informativos, en aquel momento sólo estaba yo. Además, había dos secretarias de redacción. Tengo la gloria de haber roto la gran barrera masculina de los telediarios, que era avasalladora. Y si bajáis ahora tendréis que buscar debajo de las mesas para encontrar un chico».

Poco más tarde llegarían Mercedes Milá y Carmen Sarmiento, que consiguió el puesto a través de un amigo: «Me organizó una cita con Pepe Casas, director de informativos. José Casas me miró y me preguntó: "¿Qué sabes hacer?". Y yo, que tenía la osadía de la juventud, le respondí: "Sé hacer de todo". Tenía veintiséis años. Me debió de ver muy segura porque llamó a un compañero, que resulta que era Pedro Erquicia, y ambos me plantaron en un estudio para hacerme una prueba. Comencé a hablar con la naturalidad de siempre y mi tono de voz. Casas me miró: "Bueno, eres un poco chuleta, pero das bien". A los tres días estaba haciendo entrevistas en directo en *Panorama de Actualidad*. Nunca se me olvidará mi primera entrevista. Fue a Salvador Pániker. Nadie me dijo nada, ni siquiera a qué cámara tenía que mirar. Así que me acerqué a Pániker y le dije: "Perdone, pero es mi primera entrevista y no sé qué preguntarle. Usted me puede decir lo que quiere contar y así le pregunto". El pobre se enterneció y me preparó unas cuantas preguntas».

Las mujeres continuaron llegando a buen ritmo. En 1974, se incorporó Victoria Prego, presentando el telediario con Joaquín Arozamena en la segunda cadena. Después fue corresponsal en Londres y volvió en 1983 para hacerse cargo de un programa de entrevistas a personalidades. Prego, actualmente adjunta al director de *El Mundo*, se hizo muy conocida gracias a *Historia de la Transición*, una serie televisiva que dirigió.

Informe Semanal, que inició su andadura en 1973, pronto vio mujeres en su redacción: Sol Alameda, Carmen Sarmiento o Mercedes Milá. Esta última cuenta cómo «venía el censor a leer lo que habíamos escrito, a escuchar el *off* que habíamos grabado. Intentábamos engañarles. Por ejemplo, cuando venían a verificar los reportajes para *Informe Semanal* subíamos la banda de música para que no oyera bien el *off*, donde metíamos lo que podíamos».

La televisión también llamó a la puerta de periodistas que se habían curtido en la prensa. Una de ellas fue María Antonia Iglesias. «Llegué a la tele en 1983, en la época de Calviño. Las primeras experiencias fueron tremendas, porque tenía que escribir textos de un minuto. Me acuerdo de que tuve que ir a Fraga y explicarle que sólo tenía dos minutos. Cuando se lo dije casi me pega. Y yo me preguntaba cómo coño iba a escribir todo esto sólo en un folio. Acabé escribiendo por los márgenes, hacía trampas.» Cuando entró María Antonia, Calviño renovó la casa: «Calviño hizo una apuesta por la renovación. Existía una oposición de los de antes, que estaban sentados en su silla y hacían las noticias por teletipo. Por pura vaguería. Cuando entraron nuevas caras, como Sopena o Martín Soler, hicieron una auténtica revolución. Yo trabajé un montón de años, primero de redactora de informativos y luego en *Informe Semanal*, donde lo pasé fenomenal. Cuando fui directora de ese programa disfruté mucho porque yo seguía haciendo reportajes y si no, chapoteaba en ellos. Fui directora durante un año y siempre digo que nunca he sido tan feliz en mi vida, tenía un equipo profesional estupendo».

María Antonia salió de *Informe Semanal* para dirigir los servicios informativos en 1990, la primera mujer en ese cargo, y no estuvo exenta de polémica. «Fue una época muy dura. Eran los años de plomo del felipismo, pero siempre he sido muy resistente. *Abc* me ponía a parir, sobre todo Jaime Campmany. Cuando llegué a la dirección me dedicó un artículo titulado "La albóndiga", una cosa absolutamente asquerosa y machista. Decía que yo era bajita, gordita y arrugada como una albóndiga. Yo sufrí por mi madre, que leía el *Abc* y creía que su hija era una delincuente. Me llamaba todos los días: "Hija, ¿qué has hecho?". "Yo nada, mamá." "Bueno, bueno, algo habrás hecho porque hoy viene en el periódico… no sé qué cosa." El periódico era el *Abc*. Luis del Olmo me llamó rata sectaria del guerrismo y, mira, ahora trabajamos juntos en Punto Radio. Me llamaron Pasionaria, me llamaron de todo.»

María Antonia dejó la televisión. La que nunca la ha dejado es Mercedes Milá. El programa que presentó con Isabel Tenaille en 1978 titulado *Dos × Dos* se convirtió en todo un clásico de programación innovadora. Pero cuando finalizó, Mercedes no lo tuvo fácil:

«Después de hacer *Dos × Dos*, que duró sólo tres meses, pensé que iba a dormir tranquila porque tuvo mucho éxito. Pero tardé cuatro años en volver a la tele. Mientras tanto, trabajé en la radio, pero me sentía totalmente apartada. Decían que era una persona conflictiva y no me recibían en los despachos. No entiendo cómo una persona puede no ser conflictiva». Ahora Milá está muy contenta con su paso por *Gran Hermano*, que defiende con uñas y dientes. No es la única historia de mujeres que se han quedado haciendo pasillos por conflictivas o porque no se han callado.

Carmen Sarmiento estuvo siete años en esa situación después de su serie *Mujeres*, que suspendieron. «Me tuvieron siete años en los pasillos, no tenía mesa, ni silla. Pedí hora al jefe de personal y dije que hasta que no me dieran un trabajo de acuerdo con mi valía profesional no iba a volver. Estuve dos años sin fichar y cobrando el sueldo íntegro. Luego me mandaron tres meses a Colombia, pero en condiciones y con medios muy malos, así que acepté la prejubilación a los cincuenta y ocho años porque la última serie la hice de muy mala manera, con un viaje de doce días al otro continente. En los treinta y cinco años que he estado en la tele, nunca he visto una auditoría como la que han hecho a Ángela Rodicio, lo que refleja un profundo machismo. El mismo odio que se vio con Pilar Miró. Fueron a por ella.»

Isabel San Sebastián cuenta que la echaron de Antena 3 por negarse a despedir a un tertuliano, lo que también le pasó en Telemadrid. «Ser independiente ahora mismo es muy complicado. No es un problema de discriminación sexual, pero en general nosotras somos menos dóciles, menos sumisas y más prescindibles. Fíjate en lo de Julia Otero en Onda Cero, Olga Viza, Rosa María Mateo y yo en Antena 3, Ángela Rodicio y Pilar Miró en TVE. Somos menos de corralito. Los hombres tienden a arroparse. Nuestras maneras de acceder a las influencias son más individuales. Creo que las mujeres nos curramos más las cosas. Todas las que conozco se preparan muy bien las entrevistas, somos más responsables y llegamos a los puestos de mando por nuestro esfuerzo.»

Las periodistas siguieron llamando a la puerta de la tele. En 1987 comenzaron las emisiones matinales. Jesús Hermida fue el encargado de *Por las mañanas*, programa para el que contrató a muchas mujeres que luego han volado en solitario: María Teresa Campos, Nieves Herrero, Consuelo Berlanga, Mari Pau Domínguez... Ahora hay gran competencia en la franja matinal entre la televisión pública y las privadas, pero todas están en manos de mujeres: Inés Ballester, Concha García Campoy, Pepa Bueno...

EL PESO DE LA IMAGEN Y DE LA FAMA

Las mujeres fueron encontrando acomodo en un mundo televisivo en plena expansión: autonómicas, locales, y a partir del 93, en las privadas. Y eso marca. Mariola Cubells, una periodista curtida en programas de televisión y ahora subdirectora de la edición de *ADN* en Valencia, asegura: «Cuando yo terminé mis estudios, sólo había una televisión y eso reducía mucho tus posibilidades. Pero ahora vas a las facultades y los profesores te dicen que los chicos y chicas sólo quieren ser presentadores, salir en la tele. Confunden la esencia del periodismo. Y esto es porque las nuevas licenciaturas de comunicación audiovisual confunden el periodismo con el espectáculo y entretenimiento que es la tele.»

La fama y el peso de la imagen. Para ser presentadora de informativos, por ejemplo, hay que ser atractiva. Si eres hombre no importa tu aspecto, sólo la credibilidad. Es la dictadura de la imagen, que lejos de atenuarse cada día es mayor. Un gran número de entrevistadas hacen referencia a este aspecto discriminatorio y a lo que se parecen muchas presentadoras a Letizia Ortiz.

Àngels Barceló lo comenta abiertamente: «A las presentadoras se les busca por el físico. Los chicos, si no dan bien en cámara, no importa porque se supone que son inteligentes. Las chicas tienen que ser guapas, sobre todo últimamente. Es una guerra que tengo todavía con compañeros míos, responsables de dirección, que me comentan: "¡Pero mira qué bien dan a cámara!". Y yo siempre les pregunto: "Pero ¿le has preguntado si sabe de lo que habla?". El tiempo pone todo en su sitio porque las carencias de uno se notan, pero este asunto me ofende muchísimo». Àngels, en la actualidad directora de *A vivir que son dos días*, magazine de fin de semana de la SER, comenta lo feliz que está en la radio porque puede llegar con el pelo mojado y sin maquillar al estudio.

Almudena Ariza es de la misma opinión y además lo vive en sus carnes: «La imagen es una servidumbre que los hombres no tienen y que cada vez va a más. Aquí en España no pasa como en América, donde el que llega a presentador es un periodista experimentado que conoce muy bien la profesión y donde no se las elige por ser guapas y ser jóvenes. Aquí es al revés. Ves presentadoras muy monas, de veinte años, pero que no tienen ningún bagaje informativo detrás. A los hombres se les perdona un poco el aspecto físico. También pasa en Italia. El tipo tiene que ser mayor, la voz de la experiencia, y la mujer es el florero. Hay excepciones como Ana Blanco, que lleva toda una vida».

«Tú no puedes irte una noche de juerga si entras a primera hora en directo —cuenta Pepa Bueno—. La imagen es un peaje muy alto y un elemento muy importante en el resultado. Por ejemplo, tú sales de un programa en el que ha habido mucha tensión, toda insegura, y preguntas: "¿Cómo he estado?", y te contestan que con esa camisa no aparezcas nunca más; pero tú insistes: "¿Se me ha entendido bien?". "Sí, sí, pero nunca más te pongas esa camisa".»

Por su parte, Mercedes Milá también critica la dictadura de la imagen y ha conseguido que se respetase su criterio estilístico. «Yo nunca he tenido estilista hasta *Gran Hermano*. Y es comodísimo. Antes me inventaba cosas, como en *Queremos saber*, donde siempre me ponía chalecos. Ahora cuidan más la imagen. Los primeros años no había nada de nada, después te obligaban a pintarte como una puerta, y yo jamás fui capaz de negarme a que me maquillaran hasta que fui conocida y pude opinar sobre mi maquillaje. Pero ha sido una lucha muy lenta y muy larga hasta este momento, en el que ya no me maquillo nada. Lo más que les dejo es hacerme un poco la boca para que parezca más grande.»

Como en la radio, las mujeres siempre han tenido un papel en la televisión, cara al público, pero no en las redacciones. Hoy en día, por poner un ejemplo, los informativos de La Sexta están en manos de mujeres jóvenes, pero con una amplia trayectoria en la televisión y en la radio: Cristina Villanueva, Mamen Mendizábal —con un programa de actualidad— y Helena Resano, si bien la jefatura de los informativos está en manos de hombres. Pero la cuestión no es presentar, sino tener algo que decir al respecto, poder ser editora, no sólo un busto parlante.

«Cuando yo empecé en televisión —recuerda Almudena Ariza—, el 90 % de los editores eran hombres; las presentadoras no editaban. Además, tenía que luchar para escribir las entradillas. Una vez me peleé con mi director de informativos porque había que hacer una entrevista a Almunia. Yo presentaba con Matías Prats, y a mí me tocaba, por turno, hacer tres preguntas a Almunia. Entonces, el editor me dijo que no, que lo hiciera Matías. Y todo porque se suponía que como el político era importante las preguntas las tenía que hacer el hombre. De esas cosas todavía hay mucho, cada vez menos, pero existen.»

Y de la imagen a la fama. Porque ser rostro en la pequeña pantalla conlleva ser famosa. A algunas les gusta y a otras no. Pepa Bueno habla de ello: «Cuando mi hija me dice que soy famosa me duele el alma. A mí me reconocen, pero no tanto porque en la pantalla castellanizo y ahora me cuesta cambiar. En 1985 nos obligaban a hablar castellano de Valladolid. Cuando sales en la tele notas el poder que tiene, notas que tu opinión pesa. Debería estar prohibido ser famosa antes de los treinta años, cuando ya tienes la cabeza mejor amueblada, pero aun así te descolocas».

Pero la televisión y la fama van de la mano. Por eso muchas de las chicas de hoy quieren trabajar en la tele: por el dinero y la fama.

Sin embargo, es cierto que Televisión Española ha tenido tres directoras generales: Pilar Miró, Mónica Ridruejo y Carmen Caffarel. Aunque si se repasa la *Agenda de la Comunicación 2007*, las televisiones, al igual que las radios y la prensa, suspenden también en paridad.

7

La maleta a cuestas

«Ahora los periodistas toman sólo agua. Y me doy cuenta de que ya no hace falta ni ir a las guerras, ¡yo, que he hecho tantas! Ahora te tienes que mover en función del mercado y descubres que las agencias cuentan lo que ocurre hasta que les interesa, y cuando ya no les interesa, parece que se han acabado los conflictos armados. Pero las guerras siguen ahí. Ahora hay que escribir a remolque de los acontecimientos, de modo que cuando acaba una guerra ya estás jodido, tienes que volver, por mucho que no hayas contado lo que querías. Entonces te pagabas los viajes. Yo pude hacer una discreta carrera como reportero gracias a que no iba a los grandes hoteles. La gente vive una ficción con esto del reporterismo: van por ahí a unos hoteles acojonantes porque paga la casa. Yo no tenía eso. ¡Yo era mi propio enviado! Nada supera la pasión de conocer más, y no sólo las guerras, sino países y terremotos. Yo nunca consideré la posibilidad de quedarme en un sitio: en periodismo tú sabes que a tu redacción le importa un pito lo que dure más de veinte días.»

Quien cuenta esto es Manu Leguineche, uno de los

grandes reporteros que ha dado el periodismo español, en una entrevista a *El País*. Y es que ser reportero ya no es lo que era. De la idea romántica de un enviado especial en territorio bélico, que tanto nos ha vendido el cine, queda ya muy poco. Ha cambiado el oficio y sobre todo las empresas periodísticas.

«Las nuevas generaciones ya no tienen la posibilidad del sueño de ser reportero —reflexiona Ima Sanchís, que estuvo de *freelance* parte de su trayectoria profesional y cuyos mitos han sido Christine Spengler, Oriana Fallaci en sus buenos tiempos y Cristina García Rodero—. Yo me fui a la guerra de El Salvador a los diecisiete años y pude hacer mis fotos y mis reportajes. Ahora no pueden; los medios no te lo compran porque ya tienen quien les haga el análisis y las fotos de agencia.»

A la hora de hablar de mujeres que se dedican a la información internacional hay que partir de la base que si costó que la mujer entrara en las redacciones, hacerlas salir como corresponsales todavía fue más difícil. Primero, porque las cargas familiares pesan más para una mujer que para un hombre. El hombre hace la maleta y la mujer le sigue: organiza los colegios de los hijos, pide una excedencia en su trabajo, se encarga de la intendencia, se amolda. A un hombre le cuesta más dejar su bien renumerado trabajo de proveedor de su familia que acompañar a su mujer a su destino. Muchas de las corresponsales no están casadas ni tienen hijos, y reconocen que si los tuvieran a lo mejor su historia hubiera cambiado.

«Para ser corresponsal es un problema tener familia —cuenta Rosa María Calaf, corresponsal de Televisión Española—. Hay pocos maridos dispuestos a dejar el trabajo para amoldarse al de sus mujeres. Si tienes hijos pequeños, muchas cosas que yo he hecho serían imposibles. A veces me he ido para dos semanas y he estado tres meses hasta regresar.»

Hay que reconocer que en los últimos años esto está cambiando, y ahora ya hay casadas con hijos que marchan a cubrir guerras, catástrofes y lo que haga falta. Es el caso de Almudena Ariza, por ejemplo, que logró convencer con bastante esfuerzo a sus jefes en Televisión Española de que no quería presentar más los telediarios, sino ser reportera: «Lo primero que hice fue el 11 de septiembre, y a partir de ahí, Pakistán, la invasión de Irak, el *Prestige*, varios terremotos, el tsunami. Ha sido una época apasionante.»

Almudena Ariza tiene familia, marido y dos hijos de diez y cuatro años. «En cuanto vuelvo de una cobertura siempre hay alguien, amigos, o conocidos, que te preguntan: "Oye, ¿cómo puedes estar tanto tiempo fuera?, ¿y tus hijos?". Pero a los hombres jamás se les pregunta eso. Se entiende que si un hombre se va durante un tiempo, la mujer es la que maneja la situación doméstica, pero si es una mujer la que se marcha, todos suponen que no puedes tener una situación doméstica en condiciones. Y no faltan tampoco preguntas del tipo "¿y no echas de menos a tus hijos?". Pues sí, pero eso no quiere decir que no pueda seguir haciendo mi trabajo y que mis hijos no sean muy felices y no vivan con ningún dramatismo que su madre esté fuera trabajando. Vivirían con más dramatismo si su madre no fuera feliz haciendo lo que hace.»

Pero para que Almudena Ariza pueda decir esto, ha tenido que llover mucho. Todavía hay recelos desde las jefaturas masculinas a que sean mujeres las que vayan de viaje. Pobrecitas, ¿y si les pasa algo?

Sol Gallego-Díaz, adjunta a la dirección del diario *El País*, relata una anécdota ocurrida hace relativamente poco que se refiere a esa manía que tienen los hombres de proteger a las mujeres: «Íbamos a enviar a una periodista a África y su jefe me preguntó: "¿Tú estás segura de mandar a fulanita a cubrir este conflicto?" Y yo: "¿Hay algún problema?, ¿no la ves suficientemente preparada?, ¿tienes dudas?". Y me dijo que no, pero que como era tan joven y tan rubia, eso de mandarla a África la iba a perjudicar. Así creía que la protegía».

Hay más ejemplos, sobre todo cuando se habla de países islámicos. «Antes de la guerra, estuve tres meses en Pakistán, en la zona pastún —dice Ariza—. Las mujeres allí no hacen vida social; ya no es que salgan con burka, es que no salen. Me tuve que poner un pañuelo. Era por supervivencia, nos apedreaban por las calles, nos rompieron varias veces las cámaras. En España no se entendía. Me acuerdo de que Jiménez Losantos habló de esa Almudena Ariza que salía disfrazada como si fuera a entrar en el harén. No podía entrevistar a los hombres, iba con un traductor, pero los hombres no te dirigen la palabra si eres mujer. Televisión Española no se planteó no mandarme, pero Antena 3 decidió no enviar a mujeres, cosa que a mí me parece fatal. Recuerdo unas charlas en la Facultad de Periodismo en las que dos compañeros míos defendieron públicamente que TVE no debía haber mandado mujeres a Afganistán. Y eso es dar la razón a esa gente.»

La primera mujer que fue enviada especial para cubrir una guerra fue, una vez más, Carmen de Burgos. «En 1909 me llegó una oferta que no pude desdeñar. En *El Heraldo* necesitaban información de la guerra con Marruecos en el frente norteafricano, que avanzaba peligrosamente, y escaseaban los periodistas dispuestos a ir a la batalla. Me prometieron sobresueldo, gastos pagados y la edición de un libro con mis mejores crónicas. Sería la primera mujer corresponsal de guerra, una dura faceta del periodismo que hasta ese momento tenía la patente de sólo para hombres. Así que agarré a mi hermana Ketty y nos fuimos a Melilla.»*

Lo de Colombine en Marruecos es un episodio anecdótico, pero hay que comprender que los diarios de aquel entonces no contaban en sus plantillas con corresponsales fijos. Hubo grandes corresponsales, e incluso literatos, que mandaron sus crónicas desde el extranjero: Valle-Inclán, Azorín, Ortega y Gasset, Ramiro de Maeztu... Otros nombres de la primera mitad del siglo XX que quedarán para siempre ligados a la historia del periodismo son Julio Camba, Francisco Lucientes, Corpus Barga, González-Ruano, entre otros. En el año 27 aparecía un artículo en *La Vanguardia* firmado por Gaziel titulado «Una deficiencia histórica de la prensa española: la información internacional». Entre otras cosas aludía a que en España hay muy buenos escritores que se ganan la vida redactando artículos en los periódicos.

---

* Utrera, Federico, *op. cit.*

A ese escritor se le paga 5, 10, 15, 20 o 25 duros, advirtiendo que son contadísimos los que en España pasan de los 10. Ahora bien: con 25 duros, ni con el doble, ni con el triple, un reporter o un corresponsal tienen para salir de casa, si han de ir a buscar y transmitirnos una información personal y directa de los sucesos de China. Por eso, al lado o luego del artículo insuperable que publica la flor de la prensa española, encontraréis una información tan deficiente en todos los sentidos, por lo corta o por lo tendenciosa. Haciendo un gran esfuerzo, una empresa española todavía puede contratar a literatos, poetas, filósofos, economistas e historiadores, para que le escriban artículos de primer orden. Total: cuatro o cinco mil pesetas mensuales. Con cuatro o cinco mil pesetas, un buen corresponsal, en circunstancias calamitosas y en tierras lejanas o exóticas, sólo consigue ir a parar de cabeza al primer hospital, para salir de allí, en el mejor de los casos, cuando ya nadie se acuerda de lo que el reporter iba a reseñar y cuando sus colegas, montados en aeroplanos o a bordo de los más veloces transatlánticos, andan buscando nuevas informaciones al otro lado del mundo.*

La Primera Guerra Mundial despertó el interés de los medios y algunos instauraron corresponsalías fijas, costumbre que se afianzó ya en la Segunda Guerra Mundial. En Madrid se formaron dos agencias de noticias durante la Primera Guerra Mundial: Radio y la UPI. En esta época apareció la segunda mujer corresponsal española, Sofía Casanova, una intelectual gallega que se había casado con el filósofo polaco Vicente Lutoslawski y que vivía en Varso-

---

* Citado en Fuentes, Juan Francisco y Fernández, Sebastián, *op. cit.*

via cuando estalló la contienda. Torcuato Luca de Tena le escribió pidiendo que fuera corresponsal en Polonia. Ningún diario español contaba con nadie en la capital polaca. A la poetisa y escritora le sorprendió la propuesta, pero se dijo a sí misma: «Si las mujeres son las que deben contar las guerras a sus hijos, corresponsal de guerra es profesión de mujer».* Y aceptó encantada.

La primera crónica de Sofía Casanova apareció en *Abc* el 8 de abril de 1915. Y no lo hizo mal, en opinión de José Luis Bugall y Marchesi, uno de sus biógrafos: «Ningún corresponsal masculino sobrepasó a la señora Lutoslawski en el relato fiel, apasionante y emotivo de cuanto sucedía en los frentes de combate». Sofía se hizo muy famosa y firmó, hasta su muerte, 800 veces en el *Abc*. Enviaba las crónicas por correo ordinario, de modo que tardaban en publicarse uno o dos meses. No eran noticias urgentes, que llegaban por agencia. Las informaciones de Casanova comentaban los hechos ocurridos y se centraban en detalles humanos. Sus fuentes eran sobre todo los soldados del frente, que conocía en el hospital de emergencia donde trabajaba como voluntaria de la Cruz Roja. Los heridos le daban las últimas noticias del frente. Casanova envió unas 18 crónicas desde Varsovia antes de que la llegada de los alemanes le obligara a instalarse en Moscú, donde se topó de bruces con la Revolución rusa. Casanova se encontraba otra vez en el centro de la noticia, y fue el único periodista español testigo de la caída de los zares y el único que consiguió entrevistar a Trotsky. Fue una charla corta, sin ninguna declaración im-

* Olmos, Víctor, *op. cit.*

portante, pero constituyó una auténtica exclusiva en la prensa española, que *Abc* publicó el 2 de marzo de 1918. Casanova, cuenta Víctor Olmos en su historia del *Abc*, era una periodista que se movía en círculos diplomáticos, políticos y de la alta sociedad con mucha facilidad. Residía en un amplio piso cerca del Parlamento ruso. Tenía contactos con los embajadores de Francia, Estados Unidos e Inglaterra, con parlamentarios rusos y miembros de la corte del zar. Para evitar la censura, mandaba sus artículos por mar o en el pecho de aviadores intrépidos. En 1919 Sofía Casanova regresó a España convertida en una heroína y una autoridad en cuestiones políticas del Este de Europa. La escritora y periodista fue galardonada con la Gran Cruz de Beneficencia y propuesta para el premio Nobel, algo impensable para las mujeres en aquella época.

De todas maneras, tal y como relata uno de sus nietos en una carta que se puede leer en internet, siempre se sintió corresponsal de *Abc*, aunque la ilusión acabó rota cuando mandó algunas crónicas desde Polonia en 1939:

> Mi abuela recibió una carta del director de *Abc*, el señor Luca de Tena, advirtiendo de que podía enviar crónicas como antes, pero que no podía decir nada contra los alemanes. Esta carta hirió profundamente a mi abuela. «Siempre escribía la verdad», me dijo. El amado *Abc* la desilusionó de una manera radical. Creo que éste fue un punto crucial en la vida de mi abuela, que entonces tenía ochenta años. La carta impuso a mi abuela el silencio.

LAS PRIMERAS PROFESIONALES

Para encontrar a las primeras profesionales corresponsales tenemos que dar un salto hasta los años cincuenta. Es el momento en que los medios refuerzan la información internacional. Necesitaban romper el aislamiento exterior y además, tal y como cuenta Felipe Sahagún en su libro *El mundo fue noticia*, el régimen necesitaba manipular la información internacional. Por otra parte, los medios se fueron modernizando, creciendo y se vieron obligados a abrir corresponsalías.

«Emilio [Romero] decidió dar un vuelco al periódico y hacer una gran campaña de corresponsales —recuerda Pilar Narvión—. Nos mandó a Manolo Blanco Tobío a Nueva York, a César Collazo a Londres, a Eugenia Serrano a Viena y a mí a Roma. Era el año 56.»

Dos años antes *Informaciones* había nombrado a Josefina Carabias corresponsal en Estados Unidos. «Los alemanes estaban haciendo una gran campaña de relaciones públicas y mi madre tuvo una gran oportunidad cuando la mandaron a Alemania con un grupo de mujeres periodistas en el año 54 —cuenta Mercedes Rico—. Estuvo dos meses fuera. Hizo una serie magistral sobre la reconstrucción y de allí surgió la idea de mandarla de corresponsal.»

Ella y su hermana Carmen se quedaban al cuidado de la tata y su padre cuando su madre viajaba. «Nos fuimos toda la familia en el año 54. Se acababan de firmar los acuerdos con Estados Unidos —acuerdos por los cuales Estados Unidos instalaba las bases a cambio de un préstamo sustancial—, y había que quedar bien. Mi madre se plantó, pidió mil dólares y le dijeron que estaba loca, que eso era más de lo que ganaba el presidente del Gobierno, pero al final hicieron un consorcio entre *El Noticiero Universal* de Barcelona, *La Gaceta del Norte* de Bilbao e *Informaciones* y entre los tres le pagaban.»

Las crónicas de Josefina fueron un éxito en España.

Según Pilar Narvión, compañera y amiga de Carabias, «Pepita tenía un instinto especial para el periodismo. Siempre decía que cuando se sentaba a escribir nunca pensaba qué era lo más importante que había pasado en el mundo sino qué interesaba a los lectores. Fue ella la que descubrió Estados Unidos a los españoles: escribía sobre los electrodomésticos, la comida rápida, etc. Hablaba de la América cotidiana. Fue una mujer muy puntera».

Tampoco debían de ser muy comunes en Estados Unidos las mujeres corresponsales. «En Washington había un Club Internacional de Prensa. Mi madre fue a hacerse miembro y le dijeron que no, que ella tendría que ir a otro. "¿A qué otro?", preguntó. "Al de mujeres periodistas." Cuando lo contaba se moría de risa, porque fue allí y cuando abrió la puerta lo primero que vio fue un gran ramo de flores. Todo estaba enmoquetado y de las ventanas colgaban grandes cortinones. Era para las señoras de *Vogue*, para las periodistas de las revistas femeninas. Volvió al Club Internacional de Prensa y exigió que la admitieran. Al final le dieron un estatus un poco raro. Le dejaban usar las instalaciones, pero no la hicieron miembro.»

Las corresponsalías no eran como las que entendemos hoy. El corresponsal no tenía esa presión que tiene ahora de la inmediatez, de la actualidad. Las noticias llegaban por agencias, el corresponsal escribía reportajes y crónicas.

«Mi madre viajaba por todo Estados Unidos, iba a Hollywood, contaba la América cotidiana. Trabajaba muchísimo. Y no sabía inglés. Lo fue aprendiendo. Primero mandaba sus textos por correo, luego por teléfono y más tarde por télex. Trabajaba en casa, donde tenía su despacho, y venían de la Western Union a recoger el télex. Sufría mucho porque era muy perfeccionista y corregía mil veces.»

Carabias seguía en *Informaciones*, en una época no muy boyante. Fue en uno de esos momentos cuando la Editorial Católica, empresa editora de *Ya*, le ofreció mantener el contrato con la *Gaceta del Norte*, y ser corresponsal en París, añadiendo a la agencia Logos y a todos los periódicos del grupo. «Lo pasó muy bien en París. Seguía trabajando en casa, y a veces le llegaban teletipos de Efe o France Press.» Josefina volvió a España en el año 67 y se incorporó a la redacción de *Ya*. «Ella siempre iba con traje pantalón. Y la miraban de arriba abajo porque la mayoría eran sacerdotes. Les parecía un escándalo», recuerda Mercedes.

Pilar Narvión es otra de las mujeres que no se pueden obviar al hablar de periodismo femenino y de corresponsales. Emilio Romero la mandó en el año 56 de corresponsal a Roma. La educación en idiomas era bastante más deficitaria que ahora. «Yo me fui a Roma y en italiano te defiendes bien. Antes no se sabía inglés, aunque no sé si los que mandó Emilio a Estados Unidos lo hablaban. Era otro mundo, ni hablábamos inglés ni conducíamos. Íbamos a cuerpo limpio. Toda tu corresponsalía eras tú y tu máquina de escribir. Cuando había algo muy urgente llamabas por teléfono, si no lo mandabas por correo aéreo. Ya en París utilizaba el télex.»

Pilar estuvo veinte años fuera de España. «Ser corresponsal era como ser ahora gran columnista. Yo mandaba crónicas todos los días, era la información que primaba. Ten en cuenta que Francia pesaba muchísimo. Había muchas mujeres periodistas, por cierto, pero no sólo periodistas. Cuando tuve que ir a cubrir un proceso judicial muy importante relacionado con la guerra de Argelia, me quedé asombrada. Nunca había visto los pasillos llenos de mujeres con toga, jamás en la vida, sentadas en los tribunales y en las defensas. Ten en cuenta que las mujeres europeas se lanzaron al mercado laboral tras la guerra, mientras las españolas se quedaban en casa.»

Algunas no. Y ella es el ejemplo. Y poco a poco, al igual que hemos visto en los capítulos anteriores, las mujeres fueron llegando a las secciones de internacional y marchándose fuera para contarlo.

Marisol Marín relata su caso: «Me llamó Pascual y me preguntó si era capaz de traducir del español al inglés, y hacer noticias en ese idioma. Le dije que sí, y acabé trabajando en un servicio en inglés que se hacía para una agencia nórdica. Mi turno era de cinco de la madrugada a once de la mañana. ¡Un horror! Nuestro único aire acondicionado era un botijo. Eran unas oficinas tétricas para el concepto de ahora, pero lo recuerdo como una época bonita. En ese servicio estábamos una señora norteamericana, un danés, una chica de Puerto Rico y yo. El servicio se fue al carajo y a mí me rescataron porque era la única española y la única que tenía título. Y me dejaron en la agencia. Debía de ser el 73 o el 74. Me colocaron en internacional. El problema era que yo sabía bien inglés, pero desconocía el inglés de los medios de comunicación y traducía como buenamente podía. Se lo entregaba al redactor jefe, y el redactor jefe lo daba por bueno porque sabía menos inglés que yo. Al menos entré en el turno de noche, que era más potable, de nueve a tres de la madrugada. También era la única mujer. Estábamos muy pocas en Efe; que yo recuerde, Concha, una traductora y una de deportes».

A Marisol Marín, en el año 75, la enviaron a Bruselas. «Tenía veinticinco años. Era la más joven de los tres periodistas que estábamos en la delegación. Hacía la información de la Comunidad Europea. A las doce redactábamos un *briefing* y repasábamos un montón de boletines. No fusilábamos, eran noticias directas.»

No guarda el mismo recuerdo Pilar Bonet, que tenía claro desde el principio que ella lo que quería hacer era internacional. Lo logró y hoy es la corresponsal de *El País* en Rusia. Pero no le resultó fácil. Ya no valía sólo con saber un idioma: «Tenía claro que quería hacer internacional. Me interesaban los idiomas y la política. Había estudiado alemán, inglés y comenzaba con el ruso. Entré en *El Periódico*, que se había abonado a *Spiegel* y a *The New York Times*. Yo traducía lo que creía importante y redactaba la noticia. Estaba frustrada porque no viajaba. Entonces me contrataron los de la agencia Efe en la delegación de Viena. Me contrataron porque sabía alemán. Éramos tres personas y un delegado para cubrir toda la Europa del Este. Fue la época de Anson (1976-1983), cuando contrataba a gente que quería salir fuera, los que solucionaban el tema de las delegaciones.

Entonces Efe se movía a remolque de otras agencias. Madrid te pedía refritos, según lo que publicaban otras agencias. Y si hacías algo por tu cuenta, no te lo rebotaban. Era muy frustrante. No podía hacer cosas propias; entonces comencé a colaborar con *El País*, pero sin firmar. En 1982, cuando llegó Felipe González al poder, escribí varias piezas sobre la socialdemocracia y las firmé. Me echaron y entré en *El País*. En 1984 me fui a Rusia, sin saber nada del idioma. Entonces la oficina era mi casa y mandaba las crónicas por télex. Comencé a integrarme en el país. Por suerte tenía una conocida en la Universidad de Moscú y conseguí acceder a un círculo que no sólo era el oficial. Estábamos abonados a la única agencia que había: TASS».

Pilar y Marisol tenían claro lo que querían desde el principio. Rosa María Calaf, hoy corresponsal en Asia para TVE, también sabía que quería viajar y ver mundo, pero se dirigía hacía la carrera diplomática cuando se topó con el periodismo: «Siempre me había gustado escribir, era la que hacía los discursos de fin de curso, pero mi idea era la carrera diplomática. Estaba en cuarto de Derecho cuando abrieron la Escuela de Periodismo y me metí por mi afición a la escritura, pero sin intención de trabajar en ello. Quería hacer carrera diplomática con la intención de salir fuera. Mi familia es muy viajera. Mi abuelo viajó a la India en 1920. Más tarde, en 1970, entré en la tele y simultaneé las dos carreras y cuando terminé me fui a Los Ángeles a hacer unos cursos de política internacional. Cuando volví a Barcelona los de Radio Peninsular me preguntaron si quería trabajar con ellos. Les contesté que sí, salvo de locutora. Querían una mujer que fuera capaz de hacer entrevistas en directo.

A la vez estaba preparando la tesis y estaba de profesora ayudante en Derecho y tenía como alumno a Ricardo Fernández Deu, que me comentó que estaban buscando a alguien para hacer directos con las unidades móviles, las primeras que funcionaron en España. Así empecé, en Canal 15, en la calle. Al mismo tiempo me ofrecieron en RNE un programa en estudio, pero en catalán. La verdad es que en aquel momento no estaba muy contenta con la carrera diplomática porque no me gustaba el ambiente, había una competitividad muy malsana. Lo fui dejando y me concentré en el periodismo, pero todo lo que iba haciendo lo dirigía a internacional. En 1975 me fui a Madrid porque en Barcelona hacer internacional era imposible. Estuve en *300 millones*, entre otros programas. Éramos pocas mujeres: Ana Cristina Navarro, Carmen Sarmiento y para de contar».

Calaf es de las míticas corresponsales de Televisión Española. Ella ha contado a generaciones de españoles con su peculiar estilo lo que acontecía en diferentes lugares del mundo: Estados Unidos, Argentina, Italia, URSS, China…

Calaf asegura que no se enfrentó a ningún problema por ser mujer, pero desde el principio tuvo claro que la disponibilidad tenía que ser total. «Todos éramos jóvenes, nadie tenía familia, pero si eras mujer y comenzabas a poner alguna traba, adiós muy buenas; en cambio a los chicos no les pasaba tanto. Entonces tuve la sensación de que quizá sí me condicionaba mi género, pero la verdad es que éramos tan pocas que a veces te beneficiaba… Se sorprendían y desconfiaban menos y te contaban más cosas. Era una mezcla de ventajas e inconvenientes. La única vez que en Televisión Española me han dicho claramente "no puedes hacer esto por ser mujer" fue cuando pedí quedarme en Guinea Ecuatorial para montar la oficina, después de cubrir el golpe de Estado de Obiang. Me dijeron que era muy peligroso porque sólo había hombres. Por mucho que lo pedí, no conseguí que me enviaran. Por lo demás, nunca he tenido la sensación de estar discriminada. También es verdad que siempre he ofrecido total disposición. Nunca he querido tener hijos, mi idea nunca ha sido eso que los americanos llaman *family oriented*, eso era secundario, y mi profesión, lo principal.»

Tampoco formaron una familia Pilar Bonet, ni Nuria Ribó, ni Marisol Marín... «Yo lo he pensado —dice Nuria Ribó—, y no me he sentido víctima en ningún momento por ser mujer, pero es cierto que estamos más presionadas porque tenemos que demostrar más. Y las mujeres no ponemos pegas, nos desplazamos y no hay problemas. Yo veía a los hombres corresponsales con sus mujeres que habían dejado sus trabajos para acompañarles, pero eso los hombres ni se lo plantean.»

TRAYECTORIAS VITALES

¿Cómo es el día a día de una corresponsal? ¿Cómo se organiza el trabajo? La vida del corresponsal ha cambiado mucho en las últimas cuatro décadas. Se ha profesionalizado; atrás quedan los años que iban a cara descubierta y chapurreaban idiomas. Las mujeres que conseguían ir de corresponsales se lo ganaban a pulso y estaban muy preparadas. Después de que profesionales como Rosa María

Calaf o Marisol Marín, que fue la segunda mujer delegada de Efe en 1983 cuando la destinaron a La Habana, se convirtieran en lo que siempre habían querido ser, los medios, es decir, los directores, redactores jefes, en aquella época sólo hombres, y ahora en su mayoría, comenzaron a nombrar mujeres para hacerse cargo de la información de algunas áreas del mundo.

Marisol Marín rememora su trayectoria: «En 1979 llegué a Roma, a la delegación de Efe, donde trabajábamos cinco. Hacía de todo menos Vaticano. La información la mandábamos por una línea punto a punto. No era télex, sino una línea que siempre estaba abierta. Un día hubo una huelga de FIAT y con un refrito de periódicos, que es una práctica muy habitual de los corresponsales, conté la huelga. Se armó la de San Quintín. Tanto es así que Anson llamó al delegado para decirle que tuviera cuidado conmigo porque recibía órdenes directas de Santiago Carrillo. ¡Tenía ya una fama! Después me fui a Washington, que no me gustó nada porque era la época en que la agencia, auspiciada por Anson, compraba muchos edificios, y la oficina estaba en una casa victoriana donde vivíamos los cinco; en una parte, el delegado, yo en el ático, un compañero en el segundo piso y luego dos latinoamericanos en el sótano. Aquello fue muy duro. Entre 1983 y 1985 me fui a La Habana. Lo pasé muy bien. Fui la segunda mujer delegada en Efe. Me nombró Ricardo Utrilla. Tenía treinta y tres años. Entrevistamos a Fidel Castro. Me acuerdo de que Utrilla me quiso hacer una putada. Cuando íbamos en el coche, me dijo: "Chica, estoy pensando que quizá es mejor que vaya yo solo a la entrevista porque a lo mejor de hombre a hombre se siente más relajado". Yo le puse cara de guardia civil infinita y no dije nada. Al cabo de un rato cambió de opinión: "Mejor que vengas tú también". Fueron siete horas y media de entrevista. Al final de la misma Utrilla se excusó: "Presidente, nos vamos porque usted tendrá cosas que hacer". Se publicó en muchos sitios porque era la primera vez que Fidel Castro daba una entrevista a una agencia de prensa. Después me fui a Lima, que me pareció espantosa, una ciudad muy dura. Un día entraron los tupamaros en la oficina, dos hombres y una mujer. Me mandaron con la mujer para que transmitiera un mensaje. La chica me apuntaba con la pistola y le temblaba la mano. Luego nos metieron en un cuartucho y nos dejaron encerrados. Más tarde tuve problemas con el gobierno de Alan García. Después de darle muchas vueltas he llegado a la conclusión de que me atribuyeron una serie de cosas que yo no había escrito porque era mujer y de una agencia española, y no un hombre de AP. La plaza de Perú fue muy difícil. En la agencia cambiábamos de destino cada dos años, así que después me tocó Nicaragua. Allí, cuando no les gustabas, en vez de amenazarte con echarte del país, te hacían el vacío, y no te llamaban para convocarte a las ruedas de prensa. Me castigaban por las informaciones. Y me enfrenté a otro problema: durante unos días en Radio Sandino me estuvieron acusando de ser espía de la CIA. Leían un cable mío y comentaban: "No sabemos si Marisol Marín es de la CIA, pero esto es lo que hace la CIA habitualmente". Al final logré que el locutor me pidiera disculpas.

»Luego, en 1988, volví a Madrid y en 1992 regresé a Cuba hasta 1998. En el 96 los del PP intentaron que saliera de allí. He sido siempre mosca cojonera, pero creo que excepto en Perú, donde sí noté que me presionaban por ser mujer, en el resto no he tenido obstáculos por eso».

Marisol Marín hoy por hoy sí tiene constancia de la discriminación o dificultad de las mujeres: «Desde el 98 estuve dos años en el turno de noche (de once a seis de la mañana), porque a cambio de ese turno me propusieron un ascenso a redactor jefe. Para ser redactor jefe tienes que haber estado diez años de delegado, y aunque me faltaba poco, no los cumplía. Llegué como jefa de sección y ahora estoy en una categoría intermedia en turno de tarde. Y eso es porque no bailo el agua a nadie, pero estoy segura de que si fuera hombre no estaría donde estoy. Ya habría alcanzado el puesto de redactora jefa. Toda la gente que entró, incluso después de mí, están en delegaciones estupendas. Vas a Efe y hay muchísimas mujeres, pero no en puestos importantes, porque para llegar a ellos o te nombran o debes estar de delegada en el exterior diez años. ¿Qué pasa con las mujeres? Que es muy difícil ser delegada si tienes familia o si estás casada. Ahora hay más mujeres delegadas, pero casi todas solteras».

La vida diaria de un corresponsal no suele ser tan azarosa como la de Marisol Marín. Hay duros episodios que cubrir: guerras, catástrofes naturales, terrorismo... pero la rutina del día a día es bien diferente. «Suelo ir a nadar nada más levantarme, si no me da mucha pereza, a un hotel que hay cerca de casa —relata Pilar Bonet—. Oigo la radio. Oír la radio es fundamental, es importantísimo. Escucho el resumen de la prensa diaria en la radio y así cuando llego a la oficina ya sé qué hay. Luego miro la agenda, las ruedas de prensa, los actos previstos para ese día. Estamos abonados a dos agencias, TASS e Interfax, que nació en época de Gorbachov y que era la alternativa a la agencia oficial. El lunes por la mañana mando al periódico una lista de lo que creo que puede pasar. Vas haciendo y ofreciendo y al final del día, si no te han comprado nada, lo tiras o lo guardas. Muchas veces, hay imprevistos, te piden cosas que se quedan en la nevera y luego se pudren. A España vengo dos veces al año y por el periódico sólo paso una vez.»

Pilar Bonet asegura que le encanta el frío y que además en Moscú se nota tanto el cambio climático que ya no es necesario calzar botas desde noviembre hasta abril, ni siquiera se pone dos pantalones. Bonet, que reivindica la especialización de la corresponsal, ha vivido momentos cruciales para la historia de mundo. Le tocó el fin de la URRS, la era Gorbachov, el fin de la guerra fría. Comenzó a viajar, y se quedó allí. Es una de las corresponsales que más tiempo ha permanecido en el mismo lugar. «Se dio la circunstancia de que yo conocía a mucha gente, estaba muy bien posicionada para seguir todo el proceso. He tenido mucha suerte con mis contactos, tenía amigos que estaban en el Comité Central.

»Yo conozco bien este mundo, lo he visto cambiar. No quiero irme a cualquier parte del globo, no me interesa. Quiero quedarme en Rusia, en este mundo postsoviético, donde tengo contactos y claves para interpretar la realidad. Tiene sus ventajas y desventajas, depende de lo que consideres periodismo. Sé que la gente nueva tiene una visión diferente de las cosas, pero si te interesa un análisis a fondo yo soy la persona, si lo que quieres es una opinión fresca, pues no soy la indicada.»

Rosa María Calaf tiene una trayectoria diferente. Ella ha estado de corresponsal en Estados Unidos, Buenos Aires, Roma y en Asia. Las corresponsales de Televisión Española y Efe tienen una gran movilidad. Se comprende que para una mujer con familia sea difícil conciliar tanto movimiento. «Mi primer destino fue Nueva York. Ya estaba abierta la oficina, pero me tocó la remodelación porque había nueva tecnología. Hasta entonces no se retransmitía desde las oficinas porque los medios técnicos no lo permitían. Se hacía con cine y se mandaba la cinta. Era mucho más complicado. Cuando llegué, comenzaba el vídeo. Estuve del 83 al 87. Me tocó la reelección de Reagan y la guerra de las galaxias. También cubrí México y Centroamérica. Me tocó abrir Moscú de 1987 a 1989, con la *perestroika*. De ahí salté a Buenos Aires cuatro años, donde analicé todos los cambios democráticos. Luego Italia y la llegada de Berlusconi, y por primera vez, el Vaticano. Tuve algún problema por mi relación tirante con Navarro Valls, portavoz de la Santa Sede, debido a mi etapa latinoamericana y los reportajes que había hecho cuando el Papa fue a Brasil, en los que hablaba de los Sin Tierra, de los niños de la calle y de los anticonceptivos. De ahí viajé al Moscú de Yeltsin y después, inauguré Asia-Pacífico.» Calaf afirma que siempre se ha adaptado muy bien a los cambios porque le gusta su profesión, y que pasa con facilidad de vestirse de «Jockey club» para entrevistar a su personaje, a salir pitando al día siguiente para cubrir un terremoto donde tienes que dormir en el suelo y no hay ni agua ni luz.

De todas maneras, el día al día de una corresponsal de prensa y el de una que trabaje en televisión no cambia mucho. La rutina es bastante parecida: «Me despierto muy temprano —relata Calaf—, oigo en la BBC las noticias locales en inglés. Si no hay nada muy urgente me vuelvo a dormir y me levanto a las ocho y media. Tengo la radio siempre puesta y también estoy abonada a Reuters. Después veo la prensa de mi área. Desde luego no me da tiempo a ver toda, así que dependiendo de lo que suceda, presto especial atención a Indonesia, Filipinas o Corea. Leo los titulares de la prensa japonesa todos los días y si hay un tema en marcha es en el que me concentro. Llamo por teléfono a los periodistas locales, a la embajada. Voy haciendo fichas de los temas que sigo. Mi modo de trabajar es muy artesano, pero me adapto a las diferencias horarias de mi zona.»

La veterana afirma que ahora lo que más le gusta es el análisis internacional: «Me cansa mucho cubrir desastres y guerras. Ya lo he hecho mucho. Soy mayor y tener que dormir en el suelo y no poder lavarte en quince días, me gusta menos. Antes disfrutaba de la aventura, pero cada vez llevo peor el tema de las víctimas de las catástrofes naturales y las guerras. La gente cree que te acostumbras y no es así. Siento más la injusticia y me doy cuenta de que el 80 % de las ayudas que se transmiten es una farsa. Es decir, los problemas no los causan las catástrofes sino que vienen de mucho antes».

Enviadas especiales

—¿Para quién trabajas? ¿Cuál es tu misión secreta? ¿Por qué has venido a Beirut tres veces? ¿Es que Sygma, tu agencia, no tiene fotógrafos masculinos para enviar a una mujer aquí? ¿Por qué hablas árabe?

Tal y como relata en su autobiografía, éste es parte del interrogatorio al que sometieron a la reportera Christine Spengler cuando la secuestraron en Beirut. *Entre la luz y la sombra*, su libro, refleja perfectamente la incomprensión a la que han estado sometidas muchas mujeres sólo por trabajar.

«Nosotras, las mujeres, tenemos nuestra propia manera de fotografiar la guerra; fotografiamos los cadáveres, los osarios, las casas que se desploman, pero también el dolor que se refleja en el rostro de las mujeres, de los niños, de los supervivientes», contesta Christine a sus raptores. Y es que las mujeres también cuentan las guerras y los desastres.

Cada vez son más los medios que renuncian a tener corresponsales; les sale más barato nutrirse de las agencias y si pasa algo grave mandan a un enviado especial, hombre o mujer. Maruja Torres, muchas veces enviada especial por *El País*, cuenta su experiencia en su libro *Mujer en guerra*:

> Todo enviado especial mínimamente sensato sabe que el éxito de su misión dependerá, en gran parte, de estos dos factores: caerles bien a los miembros de la fauna periodística fija en el lugar, y hacerse con un chófer audaz, bien relacionado, de mente despierta, lo más políglota posible y dispuesto a correr los mismos riesgos por un precio alto y merecido [...]. En cuanto a los corresponsales (generalmente hombres) que dominan la región y que de forma inevitable creerán, al menos al principio, que eres una privilegiada que acude a picotear en el terreno en don-

de ellos se mojan peligrosamente a diario, sólo hay dos formas de hacerse con su benevolencia, sobre todo si eres mujer, ya que además de sus prejuicios profesionales, tienes que derribar sus escrúpulos sexistas: beber tanto y hasta tan tarde como ellos y jugarte el tipo tanto o más que ellos. Por desgracia estamos ante un asunto de cojones. Y a los hombres, que son bastante primarios, les resulta más fácil respetarte si te ven engullir media botella de whisky después de haber atravesado la línea verde al filo del toque de queda. Una vez establecido que perteneces a la tribu y que el resto de los colegas no dificultarán el camino del enviado especial más que cuando se cruce con el suyo, las cosas empiezan a resultar bastante más agradables.

En Televisión Española, la primera corresponsal de guerra fue Carmen Sarmiento. «Fui la primera, pero tuvieron que pasar quince años para que se permitiera hacer a Ángela Rodicio lo mismo. Y no es porque Ángela Rodicio y yo seamos excepcionales ni las mejores. Hay muy buenas profesionales. Fue, al menos, en mi caso, a fuerza de tesón. Cuando hubo un golpe de Estado en Etiopía, me ofrecí para ir, pero el director de entonces, Victoriano Fernández, con una actitud muy paternalista exclamó: "Pero ¡cómo vamos a mandar a una mujer a la guerra!". Al final lo conseguí. Estuve diez años como corresponsal de guerra, hasta que me cansé porque el espectáculo bélico me repugna.»

La vida de una enviada o una corresponsal está repleta de anécdotas y de vivencias. Es una vida apasionante para la que hay que valer. «Me ha impresionado mucha gente, por ejemplo Arafat —dice Sarmiento—. Cuando lo entrevisté tenía unos cuarenta y tantos años. Sus ojos eran muy bonitos, y actuaba de forma muy coqueta y seductora. En aquel momento se grababa en cine —a mí me tocó pasar al vídeo—, y mi ayudante me avisaba ("Carmen, tres, Carmen, uno") de los minutos que quedaban. Cuando llevaba cinco minutos hablando con él, me miró, miró a la cámara y se quitó con un gesto muy estudiado las gafas. Entonces mi compañero me avisó de que se había roto la cámara y que teníamos que volver a empezar. Cuando llevábamos cinco minutos, volvió a hacer exactamente el mismo gesto. Otro personaje que me impresionó fue Fidel Castro y esa capacidad dialéctica para hablar durante cinco o seis horas. Panagulis me emocionó mucho, tenía esa mirada febril de los libertarios. Pero los que más me han emocionado son los sin voz. Hubo un momento en que me cansé de grandes personajes y sus discursos programados. Cuando hice los marginados, los sin voz, encontré verdaderas historias. Fue mi gran éxito. Pero ya no interesan. Los pobres son feos y huelen mal.»

Sarmiento reconoce que ella no ha renunciado a nada porque nunca ha querido tener hijos ni casarse. Tampoco lo ha hecho Maruja Torres, que nunca albergó dudas porque «siempre que he tenido una relación convencional he abandonado cosas de mi profesión. Hay que tener un cuidado exquisito para no molestar el ego del varón si tienes una profesión más interesante que la de él. Te hablo de los sesenta y setenta, claro, cuando flipaban con lo que estábamos consiguiendo las mujeres. Nunca quise tener hijos. A mí me gusta viajar y el periodismo es un oficio en el que a medida que van ascendiendo, los jefes no conocen ni a sus hijos ni a su señora».

Maruja Torres cuenta su vida como profesional del periodismo en *Mujer en guerra*, un magnífico libro autobiográfico con acertadas reflexiones sobre el oficio. Maruja es de las pocas periodistas todoterreno: «Yo tenía el prurito de que no iba de señora, aunque a veces me aprovechaba. Si había que lloriquear, pues lloriqueaba, pero la camaradería con mis compañeros era total. Además tuve la suerte de que no era una chica bonita, y la parte del asedio la tenía superada. Y recuerdo la sensación, aunque nadie me lo decía, de que me nombraban, me imponían la orden de caballero, veía en sus caras que me aceptaban porque "ésta no tiene cuento"». Maruja reconoce que no ser bella te evita ser la becaria más codiciada y ser desbancada el siguiente año por otra becaria más codiciada y darle al coco porque no te sacan a bailar la primera.

Más de una de las entrevistadas ha citado a Almudena Ariza como ejemplo de periodista joven que admiran. «En Irak estuve en la zona kurda. No había muchas mujeres. Teníamos el compromiso de enviar dos crónicas diarias con imágenes propias, donde era imposible conseguir imagen de agencia. La televisión tiene una exigencia que no tiene la prensa. He visto a gente hacer crónicas sin salir del hotel porque las pueden hacer con teletipos o llamando por teléfono. Yo necesito que alguien me cuente lo que ha pasado mirando a la cámara y, si ha habido un atentado, necesito acudir al lugar para conseguir imágenes. Ahora es más fácil transmitir que antes, y también hay más necesidad de inmediatez. Hace años, por ejemplo, en la época de Miguel de la Cuadra Salcedo, cuando iban a cubrir la guerra del Congo, rodaban en cine, estaban quince días, volvían, lo editaban y se emitía un mes más tarde. ¿Qué ocurre ahora? Que lo que pasa lo tienes que contar inmediatamente porque si no lo cuentas tú, lo contará la agencia. La idea es relatar lo que ocurre en el momento, ahora que se puede transmitir desde casi todas partes. Cuarenta y ocho horas después del tsunami estábamos transmitiendo las primeras crónicas desde Sri Lanka y Tailandia.»

Almudena fue la primera periodista española que llegó a la zona devastada por el tsunami. «Empezaba mis vacaciones de Navidad y estaba con unos amigos cuando me llamó el subdirector de informativos: "Mañana sales para Bangkok". Fuimos tres personas. Normalmente se eligen profesionales con unas condiciones físicas y profesionales determinadas, gente polivalente, cámaras que sepan editar, gente de sonido que pueda también asumir la producción y redactores con soltura para moverse en situaciones extremas, gente resolutiva y rápida, que pueda hacer directos, mandar cuarenta crónicas en un día, porque, además, te fríen en la radio. Dormíamos cuatro horas al día y teníamos que estar frescos y quitarnos los brillos. Hay que estar presentable. Llevábamos diez días durmiendo en sacos de dormir, sin comer. Comenzamos a comer cuando el ejército español nos mandó en un avión con la ayuda humanitaria las raciones de emergencia que tenían disponibles. Estuve ocho días sin ver un chorrito de agua. Y encima te dicen: "Hija, has sacado unos pelos y tienes una cara de cansada y además no me gustaba nada la chaqueta que llevabas". Ese tipo de comentarios joden mucho y te los hacen indistintamente hombres y mujeres. A los hombres nunca se los hacen, a ellos les felicitan: "Has hecho un trabajo estupendo".

El tsunami es lo más fuerte que he visto. No creo que nadie de nuestra generación vea nada igual. Cuando llegué a Bandache, que era una ciudad de 300.000 habitantes, como Móstoles, había más de 200.000 muertos. Era una ciudad llena de cadáveres. En la ciudad no quedaba nada, sólo cadáveres en la calle, y durante semanas convivimos con los muertos y despojos humanos en la calle. El río era una alfombra de cadáveres hinchados. Fue impresionante trabajar en esas condiciones, con ese olor a putrefacción constante. La gente siempre piensa que hay un hotel estupendo donde se alojan los periodistas, pues no: estás en el desastre, lo estás viviendo. No había que comer, ni beber y yo escondía las galletas. El último directo de la tele se transmitía a las tres de allí, así que estuvimos un mes y pico acostándonos a las cuatro y media de la mañana y nos levantábamos prontísimo. Fue física y emocionalmente muy duro.»

CÓMO HA CAMBIADO EL CUENTO

A lo largo de estas páginas hemos visto cómo ha cambiado la labor del corresponsal. Quizá lo más importante es que se ha profesionalizado y especializado. Los corresponsales hablan idiomas, demuestran interés por el mundo y son todoterreno porque lo mismo les toca hacer una crónica política, que cultural, social, económica o cubrir alguna tragedia natural o conflicto bélico. El corresponsal es una de las estrellas de los medios y cuando hay que reforzar un acontecimiento, se manda a un enviado especial de buena pluma. Sólo los medios más importantes tienen una amplia red de corresponsales. Según cuenta Felipe Sahagún en *El mundo fue noticia*, en el año 82, el 99 % de los corresponsales eran varones. Ahora hay más mujeres, pero siguen siendo minoría.

Actualmente, *El País* tiene 21 corresponsales, de los cuales 5 son mujeres: Ana Carbajosa en Bruselas, Pilar Bonet en Rusia, Ángeles Espinosa en Teherán, Yolanda Monge en Washington, y Georgina Higueras en Jerusalén. Efe tiene 40 delegaciones, de las cuales 15 están mandadas por delegadas, 5 menos de la mitad. De las 17 corresponsalías de Televisión Española, 7 están a día de hoy al mando de mujeres.

Lo que sí perciben las corresponsales y enviadas especiales es que cada vez cuesta más meter en sus medios la información internacional, y se quejan de la dependencia de las agencias internacionales.

Teresa Aranguren, responsable de internacional de Telemadrid y consejera de la nueva corporación de RTVE, enviada especial de varios medios (Telemadrid, *Interviú*, *Mundo Obrero*), cubrió varias zonas de conflicto, como la guerra Irak-Irán desde Teherán, donde fue la única mujer corresponsal, junto a una fotógrafa libanesa. «Puede haber zonas del mundo desaparecidas. Por ejemplo, África. Pero de repente hay un movimiento estratégico y una región determinada se convierte en el foco de la noticia. Para que te envíen allí debes estar la primera, si no, no te envían. Pero ¿cuándo se convierte una zona en una noticia informativa de relevancia? Pues cuando comienzan a llegar avalanchas de imágenes de APE, Reuters o CNN. Hay un caso claro que fue Somalia en el año 92. Durante meses llegaban imágenes terribles de hambrunas, de señores de la guerra, de niños raquíticos, y entonces creció el clamor popular y finalmente se hizo la operación "Devolver la esperanza", que acabó en un fiasco terrible para las fuerzas estadounidenses y Somalia desapareció del mapa. Lo mismo pasó con Yugoslavia. Antes de los bombardeos de la OTAN estaban allí todas las teles, mandando imágenes de Kosovo, pero cuando entraron las tropas de la OTAN Kosovo desapareció del mapa. Sabemos que allí pasaban cosas terribles, que había limpieza étnica, pero ya no era el foco de atención. Yo creo que el periodista debe ser consciente de eso, de que es un eslabón dentro de una gran maquinaria y de que la distribución de la información no es equitativa.»

Rosa María Calaf es bastante crítica con lo que está pasando: «La tele se ha convertido en un espectáculo, y no me estoy refiriendo a la televisión en España sino a la tele como medio. Lo que importa es estar en los sitios, pero pasan cosas tremendas como gente que dice que trabaja en una zona y está en otra, o equivoca el nombre de la ciudad. Eso crea una sensación de frustración, sobre todo a los que llevamos mucho tiempo, porque te das cuenta de que no importa lo que estás contando, sólo importa el impacto visual. Pero lo que estás viendo puede no tener ninguna importancia, y lo que importa es precisamente lo que no ves.

»Estas prácticas van contra la reflexión y el análisis. Está demasiado extendida la idea de que todo el mundo vale para todo, pero eso no es cierto. Es necesaria una especialización, porque si no todas las informaciones son iguales y da lo mismo que un terremoto pase en el sur de

Italia que en Pakistán, porque se va a tratar igual, cuando es evidente que no es lo mismo. La complejidad política que hay la mayoría de las veces detrás de estos acontecimientos no se explica nunca, y la gente sólo se queda con el niño huerfanito y dan el dinero en la cuenta, lo que es el final del periodismo tal y como lo entendemos. Se ha desvirtuado el objetivo del periodismo. Lo que prima es llegar a los sitios el primero, pero ¿para qué? A lo mejor llego el primero y no puedo contar nada. Además, las redacciones siguen lo que dicen las agencias. Y si todas las agencias hablan de Mozambique, y tú te preguntas por qué no se habla de la India donde hay muchos más muertos, además de otro conflicto, nadie te da una respuesta. Por una razón indeterminada, se ha decidido que la noticia es Mozambique».

Pilar Bonet se queja de que cada vez es más difícil vender temas rusos y le preocupa la retransmisión de clichés del país que cubre: «Si quieres escribir sobre otras cosas que pasan, no puedes hacerlo porque no interesa. Lo que quiero decir es que el problema de esta sociedad ante la información es que quiere escuchar lo que ya sabe. A pocos les interesan otras cosas diferentes. Sólo quieren que les repitan los clichés, quieren mil entrevistas con Gorbachov, pero no una de un señor al que no conoce nadie pero que es interesantísimo. Quieren que les hable de la mafia. Y eso es un problema. ¿Qué es el periodismo? El periodismo que sólo repite clichés me interesa poco».

8

La maría

Las asignaturas maría eran aquellas por las que no había que preocuparse, que se aprobaban sin estudiar y donde los profesores no eran exigentes. Entre las marías más famosas estaban la religión, el dibujo y el deporte. Pues bien, la sección de cultura siempre se ha considerado una de las marías del periodismo, junto a sociedad y deportes. Antaño, cuando las secciones no estaban tan delimitadas, la compañera de cultura era sociedad. Incluso en algunos medios siguen estando juntas, como hermanas, a pesar de ser disciplinas muy diferentes. En cultura aterrizan muchas de las mujeres que hacen prácticas en los diarios. Siempre ha sido una sección muy femenina, y en la que antes han llegado a ejercer el mando. Todas las entrevistadas que han trabajado en dicha sección han sido redactoras jefas o han dirigido algún suplemento. Y hace unos años las únicas mujeres que aparecían en las manchetas de los diarios eran las de cultura y sociedad. Ha sido un campo de pruebas para el mando femenino. Hoy por hoy, el buque cultural está comandado indistintamente por hombres y mujeres, aunque la tripulación sigue siendo de mayoría femenina. No se puede decir lo mismo del mundo de la crítica cultural, donde los nombres femeninos brillan por su ausencia. Ésta es una carta a *El País*, en la que Laura Freixas denuncia esta situación:

> Desde que leí el reportaje que ustedes publicaron con motivo del Día del Libro (23 de abril de 2000), en el que se afirmaba que «Los libros son cosa de mujeres», he intentado encontrar los datos que sustentaran tan interesante afirmación. La oportunidad de hacerlo se me presentó al dirigir una tesina de Sociología en la Universidad Complutense. Su autora, María Cortijo Calzada, ha analizado la presencia de mujeres, como críticas y como escritoras, en el suplemento literario de *El País* en un mes elegido al azar (enero de 1980) y el mismo mes de 2005. Creo que los resultados de su investigación les pueden interesar. En 1980, de 22 críticas publicadas en dicho suplemento cinco estaban firmadas por mujeres (23 %) y una (4,5 %) versaba sobre una obra escrita por una mujer. En 2005, esos porcentajes eran respectivamente 3 % (de 34 críticas, una la firmaba una mujer) y 12 % (de las 34, cuatro versaban sobre libros de autoría femenina).
>
> ¿«Cosa de mujeres», dice usted?

AQUELLOS AÑOS DE BOHEMIA

César González-Ruano narra en su libro *Memorias: mi medio siglo se confiesa a medias* el ambiente cultural que se vivía en los años veinte:

> Por el Gato Negro iban escritores, periodistas, cómicos. Don Tirso Escudero, que ya tenía barba blanca creo yo desde los tiempos del general Prim, salía de su feudo de

la Comedia, con cuyo teatro comunicaba el café, y se sentaba un rato en algunas de las tertulias [...]. El Café del Gato Negro tenía cierto carácter germánico con aquellas pinturas de ilustración como para cuentos de Grimm y era simpático y acogedor. El autor de las pinturas era un tal Enrique Marín, hombre ya viejo que solía estar en el café bebiendo el vago aire de su fama. Su equivalente más golfo, también con clientela de periodistas y cómicos, era el Café de Castilla [...].

Otro café mixto de cómicos y periodistas fue el Lisboa, en la Puerta del Sol, donde alguna noche me senté con Loreto Prado y Chicote. Dos cafés nuevos y más bien lujosos que habían de tener corta vida fueron Negresco, en la calle Alcalá, que convivió con La Granja y Aquarium [...]. Al café María Cristina, en la calle del Arenal, con puerta también a la de Mayor, iban aficionados a la música. Allí tocaban Aroca y Martínez, que tenían muchos admiradores. En este café [...] se reunió un grupo bohemio que capitaneaba Francisco Guillén Salaya y su inseparable amigo Julio Escobar.

Valle-Inclán fue, más que a ningún otro sitio, al patio de la Granja de Henar, y los Machado al Café Español, junto al Teatro Real, que era un café muy bonito y muy triste donde tocaba el piano un ciego llamado Zacarías. El Café Español por la tarde estaba lleno de novios sobones [...].

También iban algunos escritores al Café del Prado y al Café de Madrid [...]. El Café Colonial y el Universal eran un nido de la bohemia estropajosa, pero no solían ir a ellos escritores conocidos. El Café de Levante tenía un público de paletos y una burguesía menos acomodada.

A Gómez de la Serna se le veía en Pombo los sábados por la noche. A la cervecería La Española, en la glorieta de Bilbao, iban los de *El Sol*, Félix Lorenzo, Bagaría, Corpus

Barga, Díaz Canedo, etc. Madrid estaba de tal manera repartido por los cafés que casi con exactitud se podía localizar a un escritor en unos minutos.

Josefina Carabias también visitaba los cafés, el Ateneo y demás instituciones en los años treinta. Era fácil localizar a alguien, si sabías cuáles eran sus cafés preferidos. Los intelectuales estaban al alcance de la mano, sólo había que acudir a esos lugares y preguntarles.

Ahora eso sería impensable. La sociedad del ocio y del espectáculo es una enorme industria que mueve millones de euros. Una cultura de masas que reflejan los diarios y en torno a la cual se articula todo un entramado de profesionales que intentan que su «mercancía» salga en los medios. Atrás han quedados los cafés, las charlas amistosas, el tú a tú. Hoy la agenda diaria, los jefes y jefas de prensa, la publicidad y la promoción son las que mandan.

Juby Bustamante es un referente en la historia del periodismo cultural. Bustamante comenzó en los sesenta en el *Madrid*: «Me pasaba la vida en el Gijón. Era amiga de los directores de cine, los escritores y los actores. Se hacía más crónica y más reportaje. No había estrenos ni toda esta parafernalia que existe ahora. Me acuerdo de cuando estrenaron *Una chica yeyé*, que fue uno de los primeros estrenos a los que llegaron los actores en coche. El año del cierre del periódico, el 71, fue el que más trabajé. Los sábados tenía una entrevista de dos páginas con mujeres. El primer año la hacía con Miguel Logroño; la titulamos "Partido en dos". Era muy divertido. Todo era más fácil. Por ejemplo, tenías que hacer una encuesta sobre el *Don Juan*, y entonces te ibas al Café

Gijón, te sentabas y preguntabas a Fernando Fernán Gómez y a todos lo que se encontraban por allá. No éramos especialistas en un tema. Era más natural. Por supuesto no existían jefes de prensa, ni promoción. Y es que ¿para qué entrevistar a un señor que al día siguiente estrena una película? ¿Qué te va a contar? Pues maravillas de su trabajo, ¿no?».

Juby Bustamante, después de trabajar en *Teleprograma*, entró en *Cambio 16* en el año 74 en cultura, la sección que le gustaba realmente. Ella puso en marcha algo que ahora realiza todo el mundo, pero que, al parecer, en los setenta nadie hacía: una guía del ocio con lo que se podía hacer, ver, leer, escuchar... «En el 76 me trasladé como redactora jefe de la sección de cultura a *Diario 16*. Tenía de crítica de literatura a Carmen Martín Gaite. Lo peor fue luchar por el espacio. Era otro mundo más sencillo. Ahora veo cómo mi hija —Andrea Aguilar, que escribe en *El País*— se documenta y busca información para escribir veinte líneas. Yo me hacía veinte líneas sólo con sentarme. Éramos especialistas en temas generales. No había tanta documentación.»

Juby Bustamante cambió de bando, pero siempre en cultura. Trabajó durante seis años en el gabinete de prensa del Ministerio de Cultura y más tarde en el del Museo Thyssen de Madrid. Cuenta con asombro que cuando mandaba una nota de prensa sobre cualquier exposición se publicaba idéntica en muchos medios, sin cambiar una coma. Otra de sus quejas, y no es la única que la menciona, es que a las ruedas de prensa envían a gente que no se ha enterado de la noticia, aunque reconoce que son periodistas que deben cubrir diez informaciones en el mismo día. La precariedad laboral es uno de los problemas de los recién llegados. Para ser periodista cultural necesitas unos conocimientos, o al menos cierta inquietud. Te tiene que gustar.

A Blanca Berasátegui la información cultural le gustó cuando la probó. Estudió con la última promoción de la añorada Escuela de Periodismo en el año 69. Eran unos treinta estudiantes, entre ellos ocho o nueve mujeres. En aquella época no había precariedad laboral, y Blanca entró a hacer prácticas en *Abc*, recién terminados los estudios. Era el año 73, tenía veintidós años. «Había sólo una mujer y estaba de baja maternal (Mari Chari González Vegas, que hacía moda, por supuesto), así que estuve yo sola durante unos meses. Entré en local, donde en otros periódicos había muchas mujeres. Cuando en verano sustituí a alguien en cultura pensé que eso era lo mío. Y en cultura llevo desde entonces. Allí fueron colocando a las mujeres, no por minusvalorarnos, sino porque minusvaloraban la sección.»

Al igual que Bustamante, Berasátegui recuerda que en esa época no había tanta mercadotecnia: «Sí, grandes exposiciones. Recuerdo que entrevisté a Oskar Kokoschka y también lo insensata y jabata que era, porque sin saber nada me mandaban a muchos sitios. Reconozco que *Abc* daba más importancia a la información cultural, había una tradición literaria y tenía una sección de libros».

La información cultural tomó importancia a medida que pasaron los años. Y algunos medios la hicieron suya para diferenciarse del resto. Así, por ejemplo, cuando Anson se hizo cargo de *Abc* para salvarlo de la ruina, una de sus columnas fuertes fue la apuesta por la cultura.* Y es que en

* Olmos, Víctor, *op. cit.*

1983 era *El País* el que dictaba en sus páginas la vida cultural de España. Juan Luis Cebrián tuvo claro desde el principio que la sección de cultura debía ser fuerte e importante, cosa no habitual en los diarios de entonces.*

Anson escogió a Blanca Berasátegui para sus objetivos. Y ella aceptó el reto con gusto. Estaba por aquel entonces en el *Sábado Cultural*. Berasátegui cuenta que no tenían la espada de Damocles del mercado y había una competencia sana: «Contraté a Muñoz Molina. Tuve la suerte y la desgracia de no estar pegada a ninguna ideología. Incorporamos a mucha gente, abrimos la puerta a todos los creadores e incorporamos la Universidad, que siempre había mirado con desdén al periodismo. Estábamos muy al margen y quería que en el *Abc Cultural* estuviera presente la Universidad».

Rosa Mora dejó *Lecturas* para incorporarse a la sede de *El País* en Barcelona en 1983. En el año 85 aterrizó en cultura y pronto la nombraron jefa de sección, y dos años más tarde, redactora jefe. Rosa, que hoy es redactora jefe del diario en Cataluña, opina que hay más mujeres en cultura porque «en el fondo siguen siendo las tres marías: sociedad, cultura y deporte». Es una sección que pocas veces abre el periódico. «En las reuniones de primera, que tienen gran ceremonial, con el director, todos los adjuntos, los subdirectores, los redactores jefes, comienza el de internacional, luego nacional, y todos esos temas muy importantes y serios y entonces llega el turno de cultura y tú dices: "Juan

* Seoane, María Cruz y Seiro, Susana, *Una historia de «El País» y del Grupo Prisa*, Plaza & Janés, Barcelona, 2004.

Marsé saca libro". Cultura abre el periódico si hay muertos o premios. La época que más hemos abierto el diario es en la época de la "ñ" (cuando la querían quitar de los teclados). Lo pasé pipa.»

En 1991 *El País* agrupó sus suplementos dedicados a la cultura en *Babelia*: «*Babelia* resumió los tres suplementos (*Artes, Libros* y *En Cartel*). Al principio eran temas muy abstractos, pero nos dimos cuenta de que había que pegarse a la realidad porque en España se publican 70.000 títulos nuevos al año. Las que han dejado la alta cultura son las editoriales, no los diarios», reconoce Mora, que para explicarlo cita una frase de Einaudi en la última entrevista que concedió antes de morir: «Ya podemos perder dinero con unos libros, pero aparte de eso, tenemos que hacer libros que nos permitan ganar dinero».

Tanto Mora como Berasátegui hablan del mercado, de la agenda diaria, de los derroteros que están tomando los temas culturales, y de las acusaciones de amiguismo, empresa, etc. Y ambas saben de lo que hablan.

«Yo llevo veinticinco años en esto, y ahora hay mucha más información cultural que antes —opina Berasátegui—. Ahora los culturales son un tema de prestigio de los periódicos. Estoy contenta de haber abierto brecha y haber unido arte, música y literatura. Cuando me fui de *Abc* —en el 98 puso en marcha *El Cultural* de *El Mundo*— fue en parte porque no querían unir también cine y teatro y me pareció inaudito. Lo incorporé y ahora he incorporado ciencia. Y es que creo que hemos cambiado y nos tenemos que adecuar. ¿Para quiénes hacemos los suplementos culturales? ¿Para unos pocos o para la mayoría de los lectores del periódico?

Yo busco esa mayoría, pero si voy con 300.000 ejemplares, que me lean solamente 15.000 es un fracaso. Tenemos la obligación de acercarnos a la mayoría, pero sin bajar el nivel.»

Hacer cultura hoy es difícil. Para Mora lo peor es la agenda: «Esto del día al día es imposible pararlo, va a más, es una desgracia, y dentro de la cultura, en temas de libros, el bosque no te deja ver la literatura. Por ejemplo, ¿hay reseñado en algún sitio los dos libros de poesía que han salido de Primo Levi? Ambos están publicados en editoriales minúsculas. ¿Alguien se ha parado a pensar que hay que hacer cuatro columnas de esto? El problema de la agenda es brutal. Y no sólo en libros. Si un día te planteas que quieres entrevistar a Harrison Ford, no puedes hacer nada, la *major* no te autoriza porque no está de promoción y sólo la puedes realizar cuando la tiene todo el mundo. Con los libros sucede igual, y si tú haces una entrevista antes y la quieres publicar, las editoriales se ponen nerviosas porque si se publica primero en tu diario, los otros no quieren darlo. Es una cosa americana que me agobia».

Y es que la vida cultural ha cambiado mucho. Berasátegui recuerda que era inaudito que se comentaran noticias de cultura en el telediario, pero a cambio tenían programas tan buenos como *La edad de oro* de Paloma Chamorro, que ahora son inexistentes y los pocos que hay se emiten a unas horas imposibles. Y es que si se habla de cultura y televisión, el término desierto surge de manera natural.

UNA MUJER DE CINE

Si se habla de cultura, periodismo y mujer, hay que citar obligatoriamente a Elisenda Nadal, que lleva toda su vida entre revistas y que durante un tiempo fue una de las pocas directoras que había en España. «Yo siempre he estado en lo mismo. Mis padres tenían *Garbo* y otra revista femenina que se llamaba *Cristal* y *Fotogramas* (1947), que fue la primera y ya ha cumplido sesenta años. *Garbo* fue uno de los *booms* más importantes del país. Mi madre siempre trabajó, en mi mundo todas las mamás trabajaban. Cuando salía del cole me iba a la redacción, así que nunca me planteé no trabajar. Somos seis hermanos, pero a la única que entusiasmaban las revistas era a mí. Miraba el *Life*, sobre todo los colores. Así que fue normal que yo estudiara en la Escuela de Periodismo y que entrara en *Fotogramas* y *Garbo* en los años sesenta. En aquel entonces había unas agencias que traían las fotos a la redacción y tú las seleccionabas. Ahora es todo por ordenador. Antes, unos corresponsales mandaban las crónicas de estrenos cinematográficos, y lo que pasaba es que se fusilaba la tira. Aquí llegaban pocos estrenos. Íbamos los fines de semana a Perpiñán y era increíble, nos trataban fatal por ser españolitos. Además, pasábamos mucho miedo cuando volvíamos cargados de revistas que te quitaban si te pillaban. Todavía hoy no me he acostumbrado. Si voy leyendo y no me doy cuenta, siempre pregunto: "¿Ya hemos pasado?".»

El cine español era otra cosa: «Había corresponsales en Madrid. No teníamos problemas para cubrir los rodajes y los estrenos. La Escuela de Barcelona salió de aquí. Era todo muy divertido, y trabajábamos con mucha ilusión. En la actualidad no veo esa ilusión. Y éramos muchos menos. Había contacto directo, y si te enfadabas con alguien sólo tenías que coger el teléfono y gritar: "Oye, cabrón, qué te has creído". ¡Todo eso ha cambiado tanto! *Fotogramas* era un club. Me acuerdo cuando venía Pilar Miró y me decía: "Esto no es una redacción, es un club". Y recuerdo a Terenci, recién llegado de Londres, enamorado de Terence Stamp, y las crónicas que me mandaba… Ahora si quieres comprar una foto, la pides, y el publicista y el actor tienen que dar la aprobación, y te dicen que si la quieres hay que retocarla, pero a ver cómo queda si la retocas. ¡Se están llegando a unos extremos y a unos precios increíbles! El otro día, por ejemplo, me llamó Antonio Banderas, lo que me hizo mucha ilusión porque Antonio es como era, simpático, cariñoso, y le dije que su agencia no aprobaba la foto, y fue él quien tuvo que decir a la agencia que la aprobara. Por si fuera poco, a veces no te dan la aprobación si no están promocionando una película, y no puedes hacer una entrevista si hay película en cartel. Esto también está pasando con el cine español. Hacer una foto para el cine español se ha convertido en un coñazo. Comprendo que si vas a hacer una entrevista para según qué medio rosa pongan pegas, pero en una publicación profesional que nunca les ha hecho una jugarreta no lo entiendo. Por otro lado, los profesionales españoles te piden la portada, y yo no puedo dársela, porque si lo hago vendo menos. Lo siento muchísimo, pero ya lo he intentado y es así. Sólo Bardem y Paz Vega han funcionado bien».

Otro de los méritos que se atribuye a Elisenda es el de

descubrir periodistas. «Yo era muy joven y pensaba igual que la gente joven del momento. En eso tuve mucha suerte. Me hacía ilusión lo novedoso y sabía muy bien lo que quería leer. Maruja Torres, Rosa Montero y Sol Alameda lo entendieron muy bien. Contraté a muchas mujeres porque son mejores entrevistadoras: tienen más curiosidad, preguntan cosas que no pregunta nadie, están dotadas de una sensibilidad que no poseen la mayoría de los hombres. Y el truco estaba en que éramos amigos. Acabábamos de trabajar y nos íbamos de copas a Boadas, debajo de *La Vanguardia* y el *Tele/express*.»

En la época de Elisenda no se topaban con la agencia, el publicista y la promoción, pero sí con el censor: «Era horrible. Me han censurado millones de cosas. Mandábamos la revista semanal al Ministerio, que tenía que poner un sello. Si te la censuraban y la ponías a la venta, te amenazaban con retirarla. Intentabas que no la retiraran, pero en las ocasiones en las que lo hacían, ya sólo quedaban cuatro ejemplares».

En los años de la transición, apareció el destape, y las actrices comenzaron a quitarse ropa: María José Cantudo, Mónica Randall, Victoria Vera, Natalia Estrada, Bárbara Rey... «Era algo tan prohibido... Y nosotros fuimos los primeros. Pero hubo un momento en que se normalizó y se acabaron las portadas de aquel tipo. La primera película del destape la produjo Frade. El primer desnudo fue el de Marisol. Yo, un poco antes, la había colocado en biquini sobre una moto. Me acuerdo de que vino el director general o el delegado y me preguntó: "¿A ti quién te elige las fotos?" Cuando le dije que había sido yo me contestó: "No vamos

a discutir. Lo que tienes que hacer es que las fotos te las eli-
ja un hombre y así no tendremos tantos problemas como
los que tenemos". También me acuerdo de que cuando había una reunión de dirección y se trataba algún tema de
destape, al director general le daba vergüenza hablar conmigo de estos temas. Por supuesto era la única mujer en las
reuniones, y también en el puente aéreo, pero la verdad es
que no me daba cuenta.

»Antes, en los años sesenta, para subir el precio de la
revista había que pedir permiso al Ministerio de Comercio.
Mi padre todavía estaba de director, pero me pidió que fuera yo para que me hicieran más caso. Queríamos subir el
precio porque íbamos con más páginas y habíamos intro-
ducido el color. Me acordaré toda la vida de cómo me enfrenté a un señor que me miraba muy serio. Yo estaba allí,
toda pequeñita y acojonada, porque los ministerios me ate-
rrorizaban. El hombre me dijo que lo que tenía que hacer
era cambiar el nombre a la revista, y yo le contesté: "¿Por
qué no le dice a Philips que cambie el nombre de su empresa? O podríamos llamarle *Nuevo Fotogramas*". Todo esto
para subir el precio. Mi padre tenía razón, me hicieron más
caso por ser mujer joven con cara de niña. Para estas cosas
venía bien ser mujer. La verdad es que yo no tenía conciencia feminista. Siempre he pensado que las mujeres eran más
importantes que los hombres.»

Elisenda reconoce que en su casa, con la educación que
ha recibido, había cosas por las que no se pasaba: «Iba a un
colegio de monjas, pero cuando llegaba a casa y repetía que
me habían dicho que iba a ir al infierno y que me pasarían
cosas horribles, mis padres me calmaban. Y cuando no que-

ría ir a los ejercicios espirituales me disculpaban con una enfermedad. Eran normales».

Elisenda vuelve al presente para comentar cómo ha cambiado el mundo de la información cultural y más concretamente la del cine: «Ahora funciona el terror, los efectos especiales, justo lo que a mí no me gusta, pero una revista tiene que coger a los mejores especialistas y pensar que la edita para que le guste a todo el mundo, no a sólo a la directora. La tecnología ha cambiado y nos ha hecho menos vivos, porque ahora lo podemos hacer todo sentados y tampoco tenemos tanto papel. Un buen artículo funciona, pero funciona mejor una foto grande, cuando antes era más efectivo un buen artículo, quizá porque las fotos no tenían tanta calidad. Incluso ahora me dicen que tenemos demasiado texto y que les cuesta leer todo. A lo que contesto que no lean lo que no quieran, pero que tenemos que dar esa información. Cuando comenzó el vídeo, la revista tenía que dar información de vídeo, y ahora con el DVD, las revistas son cada vez más especializadas. Ya no quedan revistas políticas, por ejemplo. Creo que el mérito de *Fotogramas* es haber aguantado y haber ido cambiando con los tiempos».

Estas reflexiones enmarcan la problemática de la mujer como objetivo primordial del mercado del ocio y la cultura. Resulta que la mujer es la que más lee, la mujer es la que organiza el ocio de la familia, la mujer es la que compra revistas, etc. ¿Es el mercado femenino? Según Berasátegui, la mujer últimamente interesa como lectora, como protagonista de novelas e incluso como escritora, pero no cree que la prensa cultural sea femenina, sino ambigua.

Por otro lado, la independencia de los medios a la hora de transmitir la información cultural está en cuestión. Prima el interés empresarial por encima de los intereses informativos. Según Rosa Mora, son sinergias. Y Blanca Berasátegui afirma que en el mundo cultural las cosas están menos crispadas, pero «me sorprende el sectarismo que hay en la prensa cultural y eso me parece lamentable. Yo no tengo la presión de la publicidad, pero a veces me quita páginas, me confunde y me cabrea porque el mercado y la publicidad me contagian un poco y me siento obligada a hablar de tal o cual libro». Con ella repasamos uno de sus suplementos para comprobar que no se ve obligada a sacar los libros de La Esfera, que son de su empresa. Y efectivamente, encontramos publicaciones de Taurus, Destino, Salamandra, Planeta, Alianza, Espasa, Alfaguara...

«Ninguno de La Esfera y mucho de Alfaguara, ¿eh?», comenta Blanca con una sonrisa. Por lo menos, no hemos perdido el sentido del humor.

9

Modelos de mujer

Hubo mucho revuelo cuando la revista *Ellas* (1851) utilizó la palabra «emancipación» en algunos de sus números. Era urgente corregir el desatino. Se cambió el nombre de la cabecera y *La Gaceta del Bello Sexo* se disculpó y explicó así sus objetivos:

> La mujer, según nuestras convicciones [...] no está destinada a ser un Napoleón o un Washington; ni lo está tampoco a dominar a estos héroes con su seducción o malas artes. Su misión es más noble: su imperio debe limitarse al recinto de su familia. Su destino social es influir en el ánimo del hombre con sus virtudes y cumpliendo las obligaciones de buena hija, buena esposa y buena madre, para que él llene a su vez los deberes de buen ciudadano, de buen amigo, de verdadero hombre de bien. [...] Nuestro lema será, sin embargo, por Ellas y para Ellas y para conseguir el fin que nos hemos propuesto de instruir deleitando, especialmente a las jóvenes, tenemos preparados artículos de educación, y de la economía práctica, envueltos entre las flores de la poesía y de una amena literatura, y con los atractivos de la Moda, verdadera pasión de nuestro sexo. Nuestros artículos de fondo versarán siempre

sobre asuntos de instrucción moral; y todo cuanto ocurra o pueda interesar a una mujer en cualquier parte del mundo, tendrá un lugar en las columnas de nuestro periódico, al que verdaderamente nos proponemos dar las condiciones de los de política... femenina. No vayan a creer los señores hombres que intentamos meter nuestra hoz en el terreno que nos han vedado; muy al contrario. No queremos más derechos de intervención que en los dominios de la moda. Pero en el reducido dominio de nuestro hogar doméstico puede haber también sus departamentos. Nuestra hacienda es la economía doméstica; nuestra gobernación el buen orden y arreglo de nuestra casa; nuestra Instrucción pública la educación de nuestras hijas; nuestra Guerra el tocador, sin que por eso dejen de ser nuestras armas la aguja, y nuestras baterías las de cocina [...]. También tenemos nuestra diplomacia en nuestra coquetería, en el buen sentido de esta palabra, y no negaremos que tenemos clubs: éstos son las asociaciones de beneficencia. Enseñaremos la historia en las biografías de mujeres célebres; los idiomas en el de las flores, y si nos diese la tentación de ocuparnos de telégrafos, no se puede negar que en electricidad somos bastante buenas.*

La explicación resume perfectamente lo que fueron, con sus diferencias, las revistas dirigidas a mujeres en el siglo XIX y hasta bien entrado el siglo XX.

La Gaceta del Bello Sexo fue una de las primeras revistas dedicadas a las mujeres. El primer intento para publicar una revista o publicación femenina fue en 1795, pero no llegó a buen término. Se pidió el permiso para publicar un

---

* Roig, Mercedes, *La mujer y la prensa*, Madrid, 1977.

periódico titulado *Diario del Bello Sexo*, pero el rey Carlos IV denegó el permiso y advirtió que no iba a aceptar ningún periódico de ese tipo. Lo mismo le ocurrió al presbítero Antonio Marqués Espejo, que quiso sacar en 1804 un diario con el título *Lyceo General del Bello Sexo o Décadas Eruditas y Morales de las Damas*. Se le negó el permiso, aunque se reconoció que «un periódico de esta naturaleza sería útil si con él se logra que las mujeres se apliquen a leer y aprender las cosas que les sean necesarias para el mejor desempeño de las obligaciones que tienen y pueden tener en la sociedad».*

En el siglo XIX, en cambio, las damas de la burguesía pudieron deleitarse con algunas publicaciones. En 1822 vio la luz *El Correo de las Damas* con el objetivo de educar a la mujer para el matrimonio. Años más tarde surgió *El Té de las Damas*, que resumía las apasionantes conversaciones de unas señoras de la alta sociedad mientras tomaban el té. *La Mariposa* (1839-1840), un diario dedicado a las galas y al lujo y a la moda extranjera, contaba con una sección, «Álbum», donde se analizaban los espectáculos de Madrid. Era lo más parecido a una revista femenina como la entendemos hoy. Desapareció pronto, pero le sustituyó *La Moda* (1842-1927), una revista semanal de literatura, teatro, costumbres y modas que se tiraba en Cádiz.

Durante el reinado de Isabel II vieron la luz varias revistas femeninas. Parece que tener una fémina en la jefatura del Estado animó el quiosco. Como cuenta Mercedes Roig Castellanos en *La mujer y la prensa*, estas revistas tenían el

---

* Roig, Mercedes, *op. cit.*

papel de educar e ilustrar a la mujer, en una época en que la tasa de analfabetismo femenino era muy alta. Además de la citada *Gaceta del Bello Sexo* destaca también *El Tocador* (1844-1845), con biografías, modas, consejos de belleza, figurines de mujeres y hombres, noticias de teatros y traducciones de novelas extranjeras.

En la mancheta de *El Defensor del Bello Sexo* (1845-1846) rezaba: «Castidad, pudor», «Sensibilidad, beneficencia» y «Periódico de literatura, moral, ciencias y modas, dedicado exclusivamente a las mujeres».

Las revistas que más duraron fueron *La Guirnalda* (1867-1883), donde Benito Pérez Galdós publicó como folletín sus Episodios Nacionales, y *El Ángel del Hogar* (1864-1869). No faltaron intentos como el que hizo Faustina Sáez de Melgar en la revista que dirigió, *La Mujer* (1871), por sacar a las mujeres de las tinieblas:

> Muchos siglos de subyugación moral han hecho de la mujer española un ser sin propia voluntad y sin iniciativa; la revolución puede cambiar nuestra condición social […]. No debe la mujer permanecer más tiempo en las tinieblas.

Naturalmente, todas estas revistas contaban con firmas de mujeres. Destacamos a la citada Faustina Sáez de Melgar, una de las primeras directoras de una revista femenina, y a Pilar Sinués de Marco, fundadora y directora de *El Ángel del Hogar*. También Patrocinio Biedma, colaboradora de muchas de las revistas y fundadora de *Cádiz* (1877-1881), órgano de una federación andaluza literaria, y Concepción Jimeno de Flaquer, feminista, viajera y fundadora en 1883 en México de la revista *El Álbum de la Mujer*, que luego traería a la península bajo la cabecera *Álbum Iberoamericano*. En los albores del siglo XX vieron la luz dos revistas que duraron muchos años: *La Mujer de su Casa*, que sobrevivió hasta 1936, y *La Familia*, que tuvo dos fases (1907-1937 y 1944-1964). Hubo más revistas, pero hablaban de lo mismo.

En resumen, los magazines dedicados a la mujer hasta bien entrado el siglo XX trataron de cultura, moda, consejos útiles para llevar la casa, agenda, sociedad, consultorio sentimental... La base: belleza, moda, amor y consejos prácticos. En el fondo las revistas han cambiado en la medida en que la mujer ha cambiado, pero el sustrato es más o menos el mismo. Y en ellas siempre han encontrado acomodo las mujeres periodistas o escritoras.

Durante la Guerra Civil se vio claramente el modelo de mujer que defendía cada bando. Las republicanas tenían *Mujeres* (1937), revista mensual del Comité Nacional de Mujeres Antifascista, y en Barcelona, *Companya* (1937).

Por su parte, en el bando nacional nació *Mujer* (1937-1949), revista mensual del hogar y la moda, e *Y* (1938-1946), órgano de propaganda de la Sección Femenina, que estaba bajo la dirección de Marichu de la Mora.

Marichu de la Mora también estuvo al mando de *La Moda en España* y colaboró en *Semana* y *Actualidad Económica*, y se encargó de la página femenina y de moda del diario *Madrid* en los años sesenta. Ella y su hermana Constancia, que entre otras cosas estuvo al cargo de la Oficina de Prensa Extranjera republicana, son las protagonistas del libro *La roja y la falangista. Dos hermanas en la España del 36*, de la periodista Inmaculada de la Fuente. Ya dice la autora que Marichu rebasó a su clase al dedicarse al periodismo cuando la mayoría de las mujeres de su estatus y generación escribían sobre la familia y la vida social.

«Como periodista ocupó una fase intermedia entre las pioneras y señoras antiguas que escribían en los periódicos y las que llegamos al periodismo porque quisimos estudiar una carrera y sabíamos desde pequeñas que queríamos trabajar», argumenta Dolores Pérez-Camero, que colaboró con ella.*

Marichu de la Mora supo hacerse un hueco en el periodismo de moda, entonces muy artesano. Lideró el Círculo de Escritores de la Moda y también supo evolucionar ideológicamente y darse cuenta de que la vida de las mujeres cambiaba con los tiempos. Lo sabía bien, llevaba trabajando desde su juventud. Por eso no tuvo reparos en encargar a Lidia Falcón varios artículos sobre cuestiones legales que afectaban a la mujer, y es que, según escribió a su amiga Mercedes Formica, intentaba que el suplemento no se «limitara a las secciones usuales de modas, cocina, etc., ya que considero que la mujer se enfrenta hoy con otros problemas, además de los puramente domésticos».**

En las revistas de las décadas de los cuarenta y cincuenta el mensaje en la prensa femenina era el mismo: mujer como madre y esposa ejemplar que lleva el timón del hogar. En los años sesenta, las publicaciones comenzaron a

---

* De la Fuente, Inmaculada, *La roja y la falangista. Dos hermanas en la España del 36*, Planeta, Barcelona, 2006.
** *Ibid.*

darse cuenta de que la situación estaba cambiando. *Teresa*, la publicación de la Sección Femenina, contaba con una sección en 1956 titulada «Las mujeres quieren trabajar», sección que cambió a «Las mujeres trabajan» en 1965.* *Telva, Cristal* y *Ama* también tenían una sección dedicada al trabajo femenino.

Ama, que nació en 1959 y cerró en 1989, estaba patrocinada por la organización de supermercados CAT e iba destinada a la mujer como consumidora. Fue dirigida en los años setenta por Josefina Carabias.

«Llegó un momento en que mi madre, por su experiencia y su carrera, tenía ganas de un puesto directivo en un periódico, cosa impensable en ese momento —cuenta Mercedes Rico—. Creyó que la única manera de dirigir era haciéndolo en una revista femenina, así que aceptó el puesto que le ofrecieron en *Ama* para ver si lo podía hacer. Estuvo tres o cuatro años, se divirtió bastante y lo dejó cuando perdió el interés. Luego volvió a la política, a su columna. Estaba encantada de que hubiera tantas mujeres en la profesión.»

En 1960 surgió *Cristal*, revista quincenal femenina para la mujer de nuestro tiempo.

La mujer de 1960 tiene sus características propias: mayor preparación, mayor inquietud, mayor nivel cultural, otros problemas, otra visión del mundo y hasta una con-

---

* Muñoz Ruiz, María del Carmen, «Las revistas para mujeres durante el franquismo: difusión de modelos de comportamiento femenino», en Gloria Nielfan (ed.), *Mujeres y hombres en la España franquista: sociedad, economía, política y cultura*, Universidad Complutense, Madrid, 2003.

sideración nueva del propio destino. La mujer española
aúna unas virtudes que le dan personalidad propia. A esta
mujer de nuestro tiempo se dirige *Cristal*.*

La revista estaba dirigida por María Fernanda G. Nadal,
una mujer que también fundó *Garbo* y *Fotogramas*, y que
apostaba mucho por las mujeres. Su hija Elisenda Nadal
continuó sus pasos. En *Cristal* Oriana Fallaci escribió una
serie de artículos bajo el lema «La mujer en el mundo». Los
intereses de las mujeres no eran los mismos. Pero la evolución era lenta, y a ella se incorporaron las jóvenes. Y no todas. El lastre educacional y el papel tradicional de la mujer
parecían grabados a fuego en la mentalidad española.

Pero la sociedad de consumo, la necesidad del empleo
femenino en plena etapa de modernización y desarrollo, los
modelos de mujeres que traía el turismo, impedían la vuelta atrás. Todos se daban cuenta. En 1963 inició su andadura la revista *Telva*, editada por SARPE. En su primer número se leía:

> Soplan por el mundo corrientes de renovación, de
> desarrollo económico; se abren a la mujer nuevos hori-
> zontes y es preciso vivir a la altura de las circunstancias.
> Eso de «los derechos de la mujer» suena bien, pero hay
> que estar a las duras y a las maduras. Le es preciso estar
> bien informada para que, al aprender los derechos, en-
> tienda en ellos el deber de trabajar —a escala europea—
> con mayor seriedad y eficacia.

---

* Mercedes Roig, *op. cit.*

Telva es la única revista femenina que ha resistido la llegada de las multinacionales sin que los anunciantes le traicionaran. La mujer que ha pilotado *Telva* durante gran parte de su vida es Covadonga O'Shea, otra pionera en el periodismo, que ahora dirige el Instituto Superior de Empresa y Moda. «En España sólo existía *Ama* [también, como hemos visto, *Cristal*], destinada al ama de casa tradicional. *Telva* salió en octubre del 63 y me nombraron pomposamente subdirectora. Cuando vi el número uno que hizo Pilar Salcedo, en el que se hablaba de los derechos de la mujer y sus obligaciones con la sociedad, pensé que era una revista moderna dirigida a una mujer que iba a formar una sociedad nueva. Yo me eduqué en un colegio de monjas con una educación intelectualmente muy buena. Siempre hemos pensado que la revista iba dirigida a una mujer inteligente, una mujer que no estuviera encerrada en su mundo, que compaginase su vida familiar. En aquella época pocas mujeres trabajaban fuera de casa; su vida, su entorno era el hogar, pero había que cultivar sus intereses: hacíamos páginas con libros y exposiciones porque tampoco estaba tan desarrollada la vida cultural fuera de Madrid y Barcelona. Mucha gente me ha dicho que se ha educado en lo cultural con las ideas de *Telva*. También tuvimos claro que los hombres tienen que formar parte de la vida familiar. Éramos cinco mujeres en la redacción. En la parte empresarial estaban los hombres.»

Telva contaba con las siguientes secciones: «La mujer al día», «La pequeña pantalla», hogar, libros, decoración, orientación de compras, labores, cocina, gente joven, economía, narración, bolsa de trabajo, pasatiempos y «Escuela de padres».

Y en 1968 nació en Barcelona *Diario Femenino*, un diario donde se trataban temas de actualidad, y donde los jueves y los domingos salía el suplemento *Segundo Cuerpo*. No faltó una encuesta sobre el divorcio, un clásico en la lucha por la libertad de la mujer. En *Diario Femenino* —que por cierto tuvo a una mujer de directora, Ángeles Massó, durante un año, y luego a Ramón Solanes— encontraron acomodo muchas periodistas que hoy siguen al pie del cañón, como María Eugenia Ibáñez, Teresa Rubio, Carmen Alcalde, Rosa María Piñol, entre otras.*

LAS FEMINISTAS, PRENSA REIVINDICATIVA

Existieron algunos intentos de revistas y periódicos e incluso artículos que fueron importantes en el ámbito femenino, en la lucha por sus derechos. No era fácil ser feminista con todo en contra. Sin ir más lejos, en 1970, el director de la revista *Hogar 2000*, José María Javierre, fue severamente reprendido por las autoridades eclesiásticas por incluir un reportaje sobre la píldora anticonceptiva. No había mucho donde rascar si se habla de prensa reivindicativa respecto a la mujer. Hay que citar sin duda el número que dedicó a la mujer en diciembre de 1965 *Cuadernos para el Diálogo*, en el que se hablaba de educación, universidad, feminismo y la novela actual española, nuevas formas de

---

* Véase Roig, Mercedes, *La mujer y la prensa, op. cit.* y Blas, Isabel, «Comunicación e información de mujeres y para mujeres», en *Españolas en la transición. De excluidas a protagonistas (1973-1982), op. cit.*

explotación, la crisis de la familia y otros temas de interés para la mujer. *Cuadernos para el Diálogo* se preocupó de la situación de la mujer en varios de sus números y volvió a dedicarnos un número en 1975, año internacional de la mujer. También *Triunfo* tuvo que aguantar lo suyo cuando osó publicar en 1971 un número extraordinario sobre el matrimonio. El asunto terminó con el procesamiento de cuatro colaboradores de la revista, el secuestro de los ejemplares en los quioscos, una sanción de cuatro meses de suspensión y una multa de 250.000 pesetas de entonces.

Y con este panorama el 1 de julio de 1976 salió a la calle *Vindicación Feminista*, primera publicación netamente feminista apoyada por el Colectivo Feminista de Barcelona, editada por Ediciones del Feminismo y cuya directora fue Carmen Alcalde. La revista estaba gestionada y realizada por mujeres. Allí estuvieron, entre otras, Cristina Alberdi, Pilar Aymerich, Marisa Flores, Ana María Moix, Rosa Montero y Carmen Sarmiento. La revista fue mensual y publicó 25 números seguidos hasta 1978. Terminó con dos extras en el año 79, uno dedicado a la sexualidad y otro al divorcio. *Vindicación Feminista* tuvo tiradas de hasta 35.000 ejemplares. Nadie recogió su testigo.*

* Véanse Blas, Isabel, «Comunicación e información de mujeres y para mujeres», *op. cit.*, Larrumbe, María Ángeles, *Las que dijeron que no. Palabra y acción del feminismo en la transición*, Prensas Universitarias de Zaragoza, 2004.

LA MODA

Las revistas femeninas siempre han sido un puntal en la moda. La moda no era hasta hace muy poco la industria en la que se ha convertido. Tuvieron que inventársela. «Los reportajes de moda los redactábamos como podíamos. Recuerdo uno que hicimos sobre novias y buscamos a las modelos entre la gente que conocíamos: la novia de un amigo, la hermana de no sé quién, etc. En esa ocasión pedimos a un señor que tenía un restaurante con coches antiguos maravillosos que nos dejan sus automóviles, y la ropa a dos boutiques, porque por aquella época estaba Pertegaz, algún otro y para de contar. Nos fuimos al parque del Oeste para hacer el reportaje. Había que poner imaginación e ilusión. La moda no era industria y apenas teníamos anunciantes (Nivea, Fagor...). Tratábamos temas básicos al no existir la sofisticación del consumo, de la moda, de la cosmética, de los accesorios, de los coches... ¡Imagínate, pasar del Seiscientos a lo que hay ahora! Salimos con el eslogan "*Telva* es para ti, mujer" y tuvo mucho éxito.»

Toña Bosch, después de dejar la radio a principios de los sesenta, realizó la presentación en La Rosaleda de un pase de modelos de la India. «Era un sitio de gente bien. Me encargaron la selección de trajes. María Luisa Guerra era la que llevaba la industria de moda del algodón y me habló del nacimiento de Pura Lana Virgen. Buscaban a algún periodista. Me dieron el trabajo y fue un chollo porque me pagaban mejor que a los maridos de mis amigas en los bancos. Llevaba el departamento de comunicación, en el año 63. Recopilaba lo que había de moda e informaba de las tendencias. A las periodistas las reunía en el Ritz. Éramos catorce o quince personas entre Madrid y Barcelona.»

Pura Ramos recuerda las comidas y los saraos de entonces: «Hacíamos moda, pero no se podía hablar de modistos como Pertegaz, Balenciaga o Pedro Rodríguez, porque era publicidad. Sólo se comentaban las colecciones. Una vez al año íbamos a Barcelona a la Semana de la Moda, invitadas por el secretariado de la lana. Las páginas de moda eran un poco ñoñas y primitivas. Como fotógrafo contábamos con César Lucas. La primera vez que vino *Elle* a España nos llamaron a César y a mí para que lo lleváramos. La gente no sabía de moda. Tanto es así que cuando César hacía una foto con fondo desdibujado y primer plano de la chica, el redactor jefe, del que no digo el nombre porque todavía vive, se quejaba: "Esto está muy desenfocado, muy mal, ésta no vale". *Elle* no tuvo éxito la primera vez porque no había un equipo de mujeres. Como *Marie Claire*, que también fracasó».

Toña también cuenta cómo hacían los reportajes: «Nadie tenía ninguna noción de hacer un reportaje de moda. Me enteré de que desde París habían encargado un reportaje sobre moda española y que tenía que hacerlo yo. No conocía a fotógrafos jóvenes, sólo a los de siempre. Me hablaron de un jovenzuelo, y le contraté. Nos presentó a sus maniquíes, que eran horribles y muy patosas. Había una que era esbelta pero muy fea, y decidimos que hasta que España no mejorara íbamos a contratar modelos francesas. No había modelos españolas. Al final contratamos a la horrorosa, pero esbelta. Fue terrible porque me empeñé en que se pusiera una pamela enorme que le tapara la cara. Y ella se quejaba por eso, pero le aseguraba: "No importa, te hace muy elegante". Después, contratábamos modelos francesas. Hacíamos dos reportajes, uno por temporada: primavera-verano y otoño-invierno. Comenzaba el *prêt-à-porter*, una forma de diseñar en serie, más popular. Al final, se realizaban dos de alta costura y dos de *prêt-à-porter*. Estamos hablando de los años 65-67».

A *Telva* le salió una competidora en 1977. *Dunia* marcó a toda una generación. Muchas de las mujeres que ahora están en la cuarentena fueron chicas *Dunia*. La joven española aprendió en sus páginas todo o casi todo. Se hablaba de anticoncepción, de los derechos de las mujeres, del divorcio, de relaciones sexuales... temas que se abordaban con la mirada de una nueva generación que estaba en pleno cambio político, con aspiraciones a ser igual que los hombres. El motor de *Dunia* fue María Eugenia Alberti. «Relancé la revista en 1978. Era una revista de labores como *Ama*, pero más modernita porque compraban fotos a GyJ. Cuando llegué se armó el cataplús. Tuve mucha suerte porque me dejaron hacer lo que me dio la gana. Y tuvimos un apoyo publicitario muy fuerte en televisión con un anuncio en el que salía yo y decía: "Soy la redactora jefe de *Dunia* y en esta revista te vas a encontrar con todo lo que tú necesitas y mereces". Tenía treinta y dos años. Le di la vuelta a todo. Quería reflejar a unas mujeres progresistas. Fue famosa la portada de una chica con una píldora. A veces llamaban a la redacción a pedir servicios que no podíamos dar. Por ejemplo, nos preguntaban dónde se podía abortar, pero lo único que podíamos hacer era enviarles a Inglaterra. La correspondencia era impresionante, nos llegaban pilas de cartas y las contestaba a mano. Todas. Educamos a dos generaciones. Los hombres también nos leían. Muchos nos escribían quejándose de que estábamos revolucionando a las mujeres.»

El primer número de *Dunia* saludaba así a sus lectoras:

> En tus manos, querida lectora, tienes el primer número de *Dunia*: una revista inteligente para la mujer [...]. Inteligencia y feminidad son dos conceptos que nunca deben separarse. Por eso *Dunia* quiere ofrecértelos unidos. Nuestras páginas te hablarán de muchas cosas que ya conoces, y de otras facetas de la vida actual que te gustaría dominar: psicología, arte, medicina, leyes, teatro... campos que por su continua evolución nuestra revista te los brindará actualizados para mantenerte siempre al día.

Dunia, al igual que *Telva* y las revistas actuales, estaba dirigida y redactada por mujeres. «Éramos todas mujeres, menos el corrector de estilo que era Pepe Hierro, un lujazo, y un maquetista —añade María Eugenia Alberti—. Y después de un año, vimos que todo había ido bien. Tanto que hasta Juan Cueto dedicó un editorial en *El País* comentando que se había encontrado con una chica *Dunia*. Creamos estilo. Y eso que hacer reportajes de moda era una odisea. Yo me iba a Barcelona por las fábricas de Meyba y otras pidiendo que me dejaran prendas para fotografiar y me contestaban que no, que fuera la modelo allí. Esther Cañadas comenzó con nosotros siendo una cría y también Judit Mascó, pero generalmente traíamos a las modelos de fuera. También es verdad que el mercado cambió enseguida.»

María Eugenia Alberti dirige desde hace quince años *Joyce*. Reconoce que las cosas han cambiado, que ella hacía un feminismo agresivo, que ahora se ha perdido. En su época lo que había era una voluntad de acompañar el crecimiento de una generación de la democracia. Las otras, las que vinieron después, se encontraron con la transición ya realizada. «Nosotras teníamos que hablar a las mujeres de divorcio, de los pasos a seguir. Era todo más apetecible. Éramos la vanguardia. Ahora todas son iguales, y encima volvemos a los estereotipos, y lo peor ha sido la invasión de la prensa amarilla y del corazón en unas revistas a las que no deberían hacer caso: los vips, las estrellas, los bailes... eso hace unos años no existía.»

Ahora las publicaciones son más frívolas, o quizá es que las mujeres también lo somos, porque hemos aprendido lo que teníamos que aprender. Las más veteranas se quejan de que las jóvenes de hoy ya no luchan por sus derechos. Creen que los tienen ya, que se han olvidado de la lucha que hicieron ellas en la calle, cuando pidieron el aborto, el divorcio, la igualdad laboral, etc. Las revistas femeninas han dejado de enseñar, de mostrarnos el camino y se han convertido en una apuesta por el consumo de lujo, la practicidad y la estética. Pero han recorrido lo suyo. Los temas de la revista femenina siguen siendo los mismos: moda-belleza, ocio, psicología, bienestar, relaciones sexuales, educación de los hijos y vida cotidiana. Los contenidos han evolucionado: los derechos de las mujeres, el divorcio y los anticonceptivos en los setenta y principios de los ochenta, la *superwoman* de finales de los ochenta y de los noventa, y conciliación familiar en la primera década del siglo XXI.

En la década de los ochenta aterrizan las multinacionales, pero también los periódicos comenzaron a darse cuenta del potencial de la mujer como cliente. En 1984 *La Vanguardia* publicó un nuevo suplemento, *Mujer*, cuya dirección ofrecieron a Elisenda Nadal, la hija de María Fernanda, que, con el ímpetu y energía que la caracterizan, aceptó el reto. «Estuve cuatro o cinco años. Fue la primera revista que sacó actrices en la portada: Amparo Muñoz, Inka Martín... Ofrecíamos reportajes amplios, no había miedo a la letra impresa, se daba por sentado que las mujeres leían. Hacíamos entrevistas a personajes como Ana María Matute. Escribían muchas mujeres: Isabel Coixet, que empezó conmigo en *Fotogramas*, Susan Sontag, Lola Díaz, Pilar Cernuda. No era un suplemento ñoño. Lo considero más moderno que lo que se está haciendo en la actualidad. Colocaba a mis hijos y a los hijos de mis amigos de modelos, y eso que me ahorraba. Lo malo de ahora es que coges una revista y es casi una revista de publicidad.»

En la década de los ochenta, la mujer española se internacionalizó. En 1986 España entró en la Comunidad Europea y las multinacionales comenzaron a aterrizar en nuestro país. Había campo abonado, pero el mercado era grande: *Mía* (1986), *Cómplice* (1986), *Mucho Más* (1986), *Elle* (1986), *Marie Claire* (1987), *Vogue* (1988)... Todas dirigidas por mujeres periodistas. Las mujeres mandaban, sí, pero sólo en revistas para mujeres.*

«Es engañoso: las mujeres somos las directoras, pero los editores son hombres y en el consejo de administración son hombres —comenta Joana Bonet, directora de *Marie*

---

* Gallego, Juana, *Mujeres de papel. De ¡Hola! a Vogue: La prensa femenina en la actualidad.*

Claire, curtida en el terreno del periodismo femenino—. En España sólo el 2 % de las mujeres está presente en los consejos de administración. Pero la mujer es la identidad de la cabecera y es así tanto para las lectoras como para los anunciantes. En la redacción somos la mayoría mujeres; hombres, contando los colaboradores, tendremos un 25 %.»

Elle aterrizó en 1986. Y lo hizo de esta guisa:

> Desde hace años, *Elle* ha significado para muchas mujeres españolas y europeas un estilo distinto, dinámico y abierto [...]. Un estilo que combina el fondo y la forma y es casi una filosofía. [...] Creemos que este estilo *Elle* tiene, también, mucho que ver con nosotros. Y, de esta convicción, ha nacido *Elle España*. Con voz propia, dirigido a esa mujer joven que no se enfrenta a la vida, sino que disfruta de ella. Una mujer que no necesita justificarse, natural y creativa. Una mujer que ha decidido gustar y gustarse.

Al año siguiente desembarcaba *Marie Claire*, con una apuesta clara por una mujer con inquietudes culturales, y con algo más en mente que moda y belleza. Entre los colaboradores de *Marie Claire* estaban Monserrat Roig, Juan Goytisolo, Juan García Hortelano y Carmen Rico-Godoy. Y es que, como dice su primer editorial:

> *Marie Claire* defiende la estética en lo que se refiere a la forma, la libertad en lo que se refiere a las ideas, el realismo en lo que se refiere a información. Analiza los temas de actualidad, sobre todos aquellos que afectan más a los individuos de una sociedad compleja, cambiante y en plena

evolución. Defiende la necesidad de mejorar la calidad de vida en todos los terrenos. Y se expresa, siempre, desde el punto de vista de la mujer de hoy, el de la nueva española.

Lo que queda claro es que todas van dirigidas a la nueva española. A pesar de ser el año 1987, a las españolas todavía nos quedaba por aprender.

«Hacíamos una labor educativa —repasa Ana Santos, periodista de garra que también lleva toda su carrera en prensa femenina—. *Telva* enseñaba a ser una buena ama de casa y *Dunia* era lo contrario: la mujer que trabajaba, libertad sexual, era feminista en toda regla. Y llegaron las internacionales y todas abogaban por una mujer independiente, *Marie Claire* más combativa, *Vogue* más sofisticada. Ese tipo de mensaje se ha ido diluyendo. Entré en *Marie Claire* y hacía reportajes de contenido social, prostitución, malos tratos, inmigración. Las mujeres compraban las revistas femeninas y querían leer cómo triunfar en el trabajo, cómo compaginar su vida laboral y personal, y eso yo no digo que haya sido superado, pero la lectora ya no lo busca.»

Es cierto que las revistas femeninas cada vez son más frívolas, ofrecen menos contenido social, menos análisis, y sí mucha compra, mucho consumo y mucho personaje. Joana Bonet opina que en España, aparte de *Cosmopolitan*, las revistas eran muy tímidas y pacatas. También durante la transición: «Gracias a la prensa femenina la mujer se ha conocido mejor, le ha ayudado a posicionarse, a mejorar su autoestima. Había referentes. Cuando salió el *Elle* francés en lo que más insistió fue en los hábitos de higiene, pero a partir de la década de los cincuenta *Marie Claire* empezó cruzadas como la despenalización del aborto porque los abortos clandestinos eran causa de mortalidad. Uno de los primeros editoriales de *Marie Claire* tras la Segunda Guerra Mundial decía: "Liberaos, hablad, si no lo hacéis nadie os entenderá. ¿Por qué las mujeres somos menos libres que los hombres?". Era un titular a doble página en la revista. Para mí, como para muchas españolas, la prensa francesa ha sido un referente. Yo conozco a hijas de republicanas que todavía tienen la colección y recuerdan la inspiración y el ejemplo que les causaban. En España quisieron ir de más cultas, en el 92 Goytisolo escribía en *Marie Claire*, pero no había feminismo sin máscara porque España no estaba preparada para ello. El feminismo en España tiene una fama terrible, está estigmatizado, lo asocian a una manada de lobas sin depilar y con *look* de carcelera, bollos que odian a los hombres… y no tiene nada que ver».

Joana Bonet fue la encargada de sacar *Woman* en el año 92. «El grupo Zeta me encargó un proyecto de una revista femenina e hice *Woman*, la revista que no encontraba en los quioscos y que yo quería leer, una mezcla del *Vanity Fair*, del glamour francés y del *Interview* americano. Era una revista sin complejos.»

Reconoce que su baza en su vida profesional fue la moda, «pero la moda entendida como una expresión cultural. Yo bebía de las crónicas francesas, que eran crónicas culturales en que se mezclaba la moda con el cine de Mankiewicz. En España todavía no estaba entendida así, pero en *El País*, donde entré con veinticinco años, me pedían eso. Siempre intentaba buscar esa especie de espejo que es la moda, tratarla de manera curiosa, inquieta; he descontextualizado los clásicos femeninos y los he adaptado al tiempo que vivimos».

CÓMO HEMOS CAMBIADO

Adaptarse a los tiempos es lo que ha hecho Ana Santos a la hora de dirigir *InStyle*, unas de las últimas revistas femeninas incorporadas al mercado. «Las lectoras ahora no buscan lo mismo que antes, ahora buscan un refugio, un momento, quieren ver servicio y entretenimiento. No tienen tiempo, y no quieren equivocarse cuando van de compras, ni andar buscando, quieren saber dónde, qué y cómo. Además, antes había que justificar que aunque comprabas una revista femenina, eras inteligente. Eso continúa en los periódicos, que se nota que tienen otro lenguaje, que cuentan cómo se viste la ministra o qué diseñador le gusta. Eso de pensar que una mujer que lleva tacones o que se maquilla no es inteligente es ya absurdo.»

Si Ana defiende que *InStyle* es la revista que ofrece a las mujeres lo que ahora buscan, Covadonga O'Shea, la más veterana de todas ellas, defiende que *Telva* siempre ha estado por la defensa de la mujer, por la conciliación laboral y familiar, para ella el gran reto, pero manteniendo unas ideas básicas: defensa de la vida, de la familia, de una mujer normal.«Todo el mundo pensó que *Telva* se cerraría con la muerte de Franco, pero no. A *Telva* nunca le ha interesado la política. Cuando llegaron las primeras ministras, *Telva* fue la primera revista que las entrevistó. Todavía se acuerdan. Las llamé la triple A: Amador, Alborch y Alberdi. Te lo digo como dato, parece que haber salido en el *Vogue* es un signo progresista, pero fue *Telva* la que sacó a las primeras ministras, además hicimos una cosa muy divertida... hicimos que las lectoras votaran un gobierno de mujeres. Hemos estado muy en la vanguardia de los movimientos culturales y sociales.»

Para Joana Bonet, han cambiado con la sociedad. «En el año 92 aún te colocaban anuncios sexistas. Todavía recuerdo un anuncio de vodka donde había diferentes guitarras y una era el culo de una mujer y decía: "Cuando empieza la noche puedes empezar a tocarlo". Consideraban que sólo molestaban a cuatro locas fanáticas que estábamos al acecho.

»Las revistas son más abiertas, yo últimamente he notado un giro y en algunos títulos de mi competencia se ve más presencia de temas de causas humanitarias, artículos de denuncias por activistas antiglobalización desde Arundhati Roy hasta Naomi Klein, que son nombres que hasta hace diez años eran impensables en una revista femenina. Es decir, hay menos miedo de reivindicar, de convencer, argumenta la directora de *Marie Claire*.

Sin embargo, no todas son de la opinión de Joana Bonet. La mayoría piensa que se han frivolizado mucho, que han perdido parte de su reivindicación, que se han convertido en meros productos de lujo sólo para un tipo de mujer.

Ima Sanchís también trabajo para *Elle* durante cinco años llevando la delegación de Barcelona. No le gusta en lo que se han convertido: «La revista femenina ha cambiado mucho. Yo me fui cuando se empezó a frivolizar. Yo hacía reportajes culturales, la misma serie que hizo Rosa Montero de mujeres en *El País*, la hice yo antes en *Elle*. Cuando me dijeron que bajara el listón me negué y me fui. Ahora las revistas femeninas son la Barbie. Esas sociedades histriónicas con mujeres anoréxicas y niñas que se ponen tacones con doce años y se destrozan los pies. Ése es el mundo que venden y que los periódicos secundan porque seguimos sacando a la actriz de moda. La frivolidad de hablar del jersey de Morales —por Evo Morales—, antes sólo lo hacían las revistas, ahora también los periódicos, y te hablan del reloj que lleva el presidente, pero nadie le pregunta si coge un autobús o qué hace los domingos por la mañana, no, le preguntamos qué ropa usa».

Y por supuesto, todas, todas reniegan del marketing, de la fuerza de ese departamento, de los regalos añadidos a la revista.

«Es dolorosísimo, me parece frustrante», asegura Ana Santos.

«Estoy encantada de haberme retirado a tiempo —añade Covadonga O'Shea—. Hemos entrado en una rueda de consumo de tal calibre... Ahora la publicidad mueve muchísimo dinero, ahora son un vehículo para canalizar la publicidad.»

«Las revistas femeninas también son culpables de muchas cosas —critica Ana Santos—, creo que hemos tocado determinados temas con mucha ligereza. Por ejemplo, las dietas; realmente es brutal, pero tratar de culpar a las revistas femeninas es absurdo. Te escriben que no hay modelos con la talla 44, pues no, señora, no hay porque su vecina usa la talla 44 y usted la llama gorda.»

10

La vida en rosa

La crónica social, el periodismo de mesa camilla ha cambiado mucho en los últimos años. Lo más llamativo es quizá la llegada masiva de este periodismo a todos los ámbitos: televisión, radio, diarios, revistas de información general, prensa femenina, webs y, por supuesto, prensa rosa. Está por todas partes. No voy a tratar por cuestiones obvias de esos señores y señoras que se sientan a gritar rumores, hacen del cotilleo una noticia y si alguien les dice algo se defienden como gato panza arriba alegando su derecho a la libertad de expresión. Son patéticos y todo menos periodistas. La culpa, quizá en parte, no la tienen ellos sino los señores directivos de estos medios que, por la audiencia y la publicidad, dejan su ética en casa y que dicen cosas como la que me contó Mariola Cubells, una periodista valenciana bregada en estas lides, que oyó cómo un directivo de televisión dio un manotazo sobre la mesa y exclamó: «¡A ver si nos entendemos, no quiero ni entre el público que venga al plató ni entre mis espectadores a ninguna maruja que haya leído algo en los últimos cinco años!».

Las revistas del corazón de toda la vida intentan mantener el tipo, y siguen al pie del cañón a pesar de la terrible competencia que les ha salido. *¡Hola!* es la segunda revista semanal más leída en España con más de dos millones de lectores, después de *Pronto*, según la OJD, y es la revista de consumo de mayor confianza publicitaria; mientras, la revista *Semana* aumenta de lectores. Estos últimos años hemos visto nuevas publicaciones que tratan de lo mismo, como *Gala*, que no sobrevivió un año, *Cuore,* del grupo Zeta, e *Intouch*. Así que parece que mercado hay, a pesar de los síntomas de saturación.

Una de las características del periodismo rosa es que está claramente destinado a un público femenino. En España hay siete revistas que se denominan rosas y nadie pone en duda que la mayoría de sus lectoras son mujeres, pero ¿quién decide qué interesa a las mujeres lectoras de la prensa del corazón? ¿Son mujeres? ¿Está más representada la mujer en las redacciones donde los titulares hablan de bautizos, divorcios, maternidad, bodas y banquetes? Vamos a verlo:

Diez Minutos. Es la revista más atrevida. La más guerrera. Está dirigida por una mujer, Cristina Acebal, tiene subdirector y redactora jefa; en cuanto a la redacción, de trece redactores, doce son mujeres. Hay un solo hombre. Se podría decir que *Diez Minutos* es una revista hecha por mujeres. Pero en el consejo directivo de Hachette Filipacchi, multinacional a la que pertenece, las mujeres son minoría. De dieciocho miembros, cuatro son mujeres y ninguna de ellas tiene el cargo de presidente, vicepresidente, ni director general.

Semana. La única que ha crecido en número de lectores. Tiene directora, Charo Carracedo, subdirectora y redactor jefe; de los tres jefes de sección, dos son mujeres, y de ocho redactores, siete son mujeres y un hombre. *Semana* también está hecha por mujeres.

Lecturas. La revista que más apuesta por la televisión está dirigida por una mujer, Catalina Vidal; tiene dos jefas de redacción y en la redacción, paridad absoluta: cinco hombres y cinco mujeres.

Ambas publicaciones pertenecen a Edipress, que acaba de ser adquirida por RBA, y los puestos directivos están todavía bailando, pero ganan los hombres.

¡Hola! La reina del glamour. Un caso aparte porque sigue siendo una empresa familiar. La presidenta de honor es Mercedes Sánchez Junco, que fundó la revista con su marido Antonio Sánchez Gómez. El director es Eduardo Sánchez Junco, hijo de ambos. Directores adjuntos: dos, los dos hombres. Subdirectores: dos, un hombre y una mujer. Adjuntos a dirección: dos mujeres miembros de la familia Sánchez. Redactores jefes: dos hombres. Jefes de sección, cuatro, mujeres todas. Y redactores, tres mujeres.

Corazón, Corazón, en la televisión, está dirigido por Cristina García Navarro, y en la redacción hay una mayoría aplastante de mujeres.

Es decir, que las revistas y los programas del corazón son mayoritariamente femeninos.

DE PERIODISTAS DE SALÓN A *PAPARAZZI*

En los periódicos de antaño existían los famosos ecos de sociedad, en los que informaban sobre bautizos, peticiones de mano, puestas de largo y cenas que daban las familias ilustres a sus amigos ilustres. Eran crónicas muy rimbombantes donde siempre se destacaba la elegancia de las señoras, la excelencia de la cena, ágape o similar, y mil y un adjetivos para alabar el buen gusto de los anfitriones. Los encargados de estas crónicas eran los periodistas de salón. Ese tono amable, ese gusto por meterse en las casas ajenas, por saber qué hace el vecino, o el quedar bien ante la llamada sociedad organizando una boda, pongamos por caso, espléndida para que luego el respetable se entere a través de los ecos de sociedad del periódico, es el germen del periodismo rosa, un género *made in Spain*, que ha sido exportado por una de las grandes embajadoras del género: la revista *¡Hola!* que cuenta con ediciones en Canadá, Inglaterra, Rusia, México y Grecia, entre otros.

Las revistas del corazón no nacieron como tales, excepto *¡Hola!*, que ya desde su primer número mostraba su vocación por los vaivenes de la sociedad y de las familias reales, la espuma de la vida, que decía su fundador Antonio Sánchez. La primera revista fue *Lecturas*, que nació en Barcelona en 1921 como suplemento de una revista dirigida a la mujer que se llamaba *El Hogar y la Moda,* una publicación con doce años de antigüedad y tiradas de 100.000 ejemplares antes de la guerra. Ese primer número no tiene nada que ver con el que hoy encontramos en el quisoco. Su contenido era literario y su vocación era «fomentar la afición a la buena literatura y propagar la cultura». *Lecturas* era el primer magazine español con 96 páginas en las que las mujeres se podían encontrar una obra de Jacinto Benavente, un cuento cómico de Ramón Campmany y una pieza que se titulaba «Así, sí; así, no. Cómo deben hacerse y cómo no deben hacerse las cosas», e incluso páginas cinematográficas. Trataba a la mujer como un ser con inquietudes culturales.

La revista fue evolucionando. Se introdujo a ídolos deportivos, como el boxeador Uzcudun y Zamora y a Hollywood y sus estrellas, Valentino, Gloria Swanson, que iban ganando páginas. En 1929 los dibujos de la portada se sustituyeron por fotografías y ya desde 1926 se introdujo en sus páginas el huecograbado. En 1937, tras intentar luchar durante los primeros años de la guerra, desapareció. Resurgió de sus cenizas en 1944.*

En 1940 había nacido otra de las clásicas del corazón, *Semana.* Como *Lecturas, Semana* no nació como revista del corazón, sino de información política y así continuó hasta que llegó el color en 1965. Los rostros de mujeres ocupaban ya las portadas de ambas revistas.

En 1944 también vio la luz *¡Hola!,* la más prestigiosa de las cuatro, la que más vende, la número uno. *¡Hola!* se ha convertido en una institución, la cara más amable de los famosos. El semanario nació de la mano de Antonio Sánchez y su mujer Mercedes Junco en su piso de la calle Muntaner de Barcelona. El matrimonio, sobre todo Mercedes,

---

* Falcón Osorio, Pilar, *El imperio Rosa. Poder e influencia de la prensa del corazón,* Editorial CIMS, 1997.

tuvo claro que la revista tenía que ir dirigida a un público femenino, aunque no olvidaban al hombre.

En 1951 llegó *Diez Minutos*, de la mano de Joaquín Valdés y Francisco Narbona. «Mi padre fundó *Diez Minutos* con Paco Narbona, el padre de la ministra. Recuerdo a mi padre en una mesa camilla, no era camilla, pero como si lo fuera, recortaba e iba pegando y tenía una imprenta diminuta. La idea no era dar corazón, sino dar al lector lo que había pasado en el mundo "en diez minutos". El corazón llegó con el color», recuerda Milagros Valdés, hija del fundador y que años más tarde dirigiría la revista. El primer número de *Diez Minutos* rezaba: «*Diez Minutos*, informador semanal del hombre activo», y traía en un formato nuevo, tamaño bolsillo, muchas noticias de actualidad, sucesos, noticias internacionales. Era un periodismo ligero, que iba con los tiempos porque ya por aquel entonces se empezaba a hablar del hombre con prisas. El tercer número pasó a subtitularse «La más amena y completa información de la semana», e incorporó sucesos, y «Minutos mujer», donde, claro está, se recogían noticias de interés femenino (moda, belleza, dietas). Por cierto, que el primer año la revista costaba una peseta.*

Así que la única que nació con vocación de rosa fue *¡Hola!*, que ya fue sentando las bases de su primacía y de su buen hacer en el número seis con su primera exclusiva: una foto de Marlene Dietrich llegando a Nueva York para descansar unos días después de prestar sus servicios en un frente aliado del Mediterráneo.

---

* Falcón Osorio, Pilar, *op. cit.*

La crónica rosa y social fue evolucionando y se adecuó a la actualidad, a su actualidad. La década de los sesenta no pudo tener mejor comienzo: la boda de Fabiola de Mora y Balduino de Bélgica conmocionó al país. ¡Una española en el trono de Bélgica! El orgullo patrio paralizó España y las revistas tiraron la casa por la ventana. Como hicieron luego con las bodas de la casa real española, pero con los medios de entonces. El enlace del rey belga con una aristócrata española fue la primera boda real que se transmitió por Eurovisión. *Lecturas* sacó a la venta un especial veinticuatro horas antes de que se acabara el enlace y cuentan las crónicas que hubo colas en las Ramblas para hacerse con los ejemplares. *¡Hola!* no se quedó atrás y alquiló una habitación en un hotel madrileño para convertirlo en la redacción de esa edición. El número tuvo 68 páginas y costó 8 pesetas. El despliegue fue tan espectacular que Antonio Sánchez tuvo que suprimir el 50 % del espacio publicitario y contratar otra imprenta. Se vendieron más de 200.000 ejemplares. Las casas reales eran y son uno de los temas favoritos de la prensa rosa y no han dejado de dar noticias muy agradecidas: bodas, bautizos, viajes oficiales y salidas culturales.

Los sesenta dieron otra de las alegrías a la crónica del corazón: la televisión. Los españolitos habían incorporado a los salones de sus casas y en sus vidas a la televisión y querían saber más de todos sus ídolos: Marisol, Ana Belén, Massiel, Salomé, Laura Valenzuela, actores de series, etc.

Las portadas eran sobre todo para rostros internacionales, actrices y actores de Hollywood, reinas, princesas, príncipes, pero las españolas ya se iban haciendo un hueco y alguna vez se podía ver a Carmen Sevilla o a la duquesa de Alba. Los setenta se inauguraron con otra boda sonada: la de Carmencita Martínez Bordiú y Alfonso de Borbón en 1972. Otros acontecimientos destacados de los sesenta y setenta fueron los nacimientos y la infancia de las infantas Elena y Cristina y del príncipe Felipe, a los que las lectoras de la prensa del corazón han visto nacer, bautizar, veranear, estudiar, casarse y vuelta a empezar con sus hijos.*

Diez Minutos se acercó a las revistas rosas con la llegada del color a su portada en 1963; aunque seguía siendo una revista de información general, tenía secciones como «Cotilleo gráfico» o «En estos días se habló de...». Otra práctica habitual de *Diez Minutos* en los años setenta eran los pósters. *Lecturas* y *Semana* iniciaron series con la vida de los famosos y no faltaban exclusivas como la que consiguió *Lecturas* con el relato de Farah de Persia sobre su vida bajo el título de «Memorias de la emperatriz de Irán». Otras exclusivas de aquel entonces fueron «El verano loco de El Cordobés», o la entrevista a Carolina de Mónaco hablando de la nulidad de su matrimonio con Philipp Junot en *Semana*. Los ochenta y noventa fueron de Lady Di e Isabel Preysler, convertida aún hoy en la gran dama de la prensa rosa, y la siempre imbatible familia Grimaldi, que alimenta la prensa del corazón con sus nuevos miembros. Los últimos años nos ha traído, entre otros, a muchos falsos famosos.

---

* Falcón Osorio, Pilar, *op. cit.*

ELLAS Y LA CRÓNICA ROSA

Y nuestras protagonistas, ¿cómo llegaron a trabajar en la prensa rosa? Maruja Torres comenzó en *Garbo*, una revista de la familia Nadal, que trataba sobre el tema del corazón y que fue otra clásica hasta que desapareció en la década de los ochenta.

Maruja Torres afirma que el periodismo rosa no ha cambiado mucho: «No voy a hablar de los programas de la tele, que son la difamación llevada a la pantalla, pero en el fondo es decir que Victoria Beckham era feliz, o el personaje del momento. Nosotros no decíamos que se había puesto tetas porque nadie se las ponía y si se las ponía lo mantenía en secreto. Era la felicidad. La mujer así ha vuelto mucho. Si analizas los contenidos de las revistas, ves que cultivan mucho a ese tipo de mujer. En los sesenta cuando yo comencé en *Garbo* lo que primaba eran los cantantes, Raphael, las modelos, las folclóricas, las presentadoras de la tele como Laurita Valenzuela, Marisa Medina, y Franco, Franco por un tubo».

En aquel entonces no había demasiadas mujeres periodistas, pero las Nadal, madre e hija, apostaron por muchas. «Era una revista dirigida a la mujer, pero la mujer no era imbécil. Fusilábamos mucho de otras publicaciones, hacíamos refritos. Recuerdo que lo primero que me pidió Elisenda para *Garbo* fue un reportaje sobre la diferencia de salarios entre hombre y mujer. Ese tipo de reportajes es impensable en una revista del corazón hoy en día.»

Milagro Valdés dejó la televisión, donde se había encargado de programas infantiles —fue la creadora de *Un globo, dos globos, tres globos*—, y entró en Espejo, empresa editora de *Diez Minutos*, que había montado su padre. Entró por motivos familiares. Su primer destino fue *Chisst*, una revista que se hacía con los sobrantes. «Cuando entré me pusieron de secretaria de dirección —recuerda Milagros Valdés—. Ganaba menos que el señor de la puerta. Empecé en *Chisst*, donde había tres redactores y un maquetador. Se maquetaba a la vez que se escribía, como lo hace doña Mercedes [Sánchez Junco]. En Espejo se hacía todo el proceso de producción de la revista. Había tres redacciones —más tarde hice *El Europeo*—: *El Europeo Económico*, *Chisst* y *Diez Minutos*. Abajo estaban las linotipias, fotomecánica, las cajas y la rotativa. Todo estaba en el mismo edificio, en Herrera Oria, lo que ahora es Hachette. La ventaja es que aprendías mucho de imprenta, tenías una relación inevitable con los cuellos azules y te formabas en una tecnología que ya ha desaparecido. Luego, de secretaria de dirección de *Chisst* pasé a secretaria de dirección de *Diez Minutos*. Yo era la hija del propietario y una vez más tenías que hacer doble esfuerzo, uno por ser mujer y otro por ser hija del dueño. Bueno, yo no tenía una relación muy buena con mi padre.»

Como en otras especializaciones, el mundo de la información rosa ha cambiado mucho en los últimos treinta años. «En 1978-1979, que fue cuando yo entré, había *free lances* que se llamaban vendedores. Estaba también Europa Press, pero no había especialización en corazón como ahora. Lo que había era una Maika Vergara, una Ángeles Aguado, había personas físicas que eran el equivalente a las agencias. Hacían mucha calle y mucha entrevista. Otra cosa que ha cambiado es que los personajes eran profesionales, no había famosos que no hicieran algo. O eran del gran mundo o eran profesionales. Todavía no había comenzado el boom de las modelos. Eran actrices, estaba Victoria Abril, y también Isabel Preysler. Además había otro tipo de personajes como El Lute, y páginas de sucesos, quizá en *Diez Minutos* más, pero en las otras también, y comenzamos con las memorias: El Lute, Carmen Sevilla, Lola Flores. Se pagaba el trabajo y ellas vendían su intimidad. Otra cosa que ha cambiado es que antes había buenas firmas. En *Diez Minutos* escribió Camilo José Cela, Emilio Romero tenía su página; Forges comenzó a publicar con mi padre. Era una revista moderna. *Diez Minutos* era por una parte Valdés, mi padre, y por la otra Javier Osborne, hoy director adjunto de ¡Hola!, que era el hijo querido de mi padre y una de las personas con mejor olfato periodístico que he conocido. Y ya había mujeres, estaban María Luisa Soto o Margarita Penche.»

Además de la diferencia de contenidos con los de ahora, las revistas iban también dirigidas a hombres. «Contábamos con lectores hombres —continúa Milagros Valdés—. Y los directores eran hombres. Ten en cuenta que la primera página dedicada exclusivamente a la mujer la hice yo con Lilu Castelló. Luego incorporamos la moda. Es decir, que el concepto de revista femenina se dibuja muy lentamente. Había muchos lectores hombres, había información y una sección maravillosa que se llamaba "Mundo insólito" que era de Valdés. Siempre pensé que se lo inventaba, pero no: cuando llegué a *Diez Minutos* vi que llegaba la información por agencias. Las revistas extranjeras nos surtían de la información internacional. Llegaban a la redacción *Paris Match* y la prensa francesa y fusilábamos.»

Un poco antes que Milagros, la periodista de cultura de *El País*, Rosa Mora, entró en *Lecturas*: «Terminé en 1968 y fui de machaca a la revista *Lecturas*; acabé como subdirectora. Era una revista entonces muy abierta, en la que publicaba Ramón J. Sender. Las noticias llegaban por agencia, contactos. Yo viví la muerte de Franco en *Lecturas*, por ejemplo. En esa época ya nos íbamos dando cuenta de que cada vez nos leía más el público femenino. Y vivíamos mucho de la televisión. Una de mis metidas de pata en la revista fue cuando tuve que describir el traje de Carmencita Martínez Bordiú en su puesta de largo o en su petición de mano; era un traje que acababa en ondas y yo puse que se asemejaba a quesos gruyeres».

La televisión despertó el espíritu cotilla del español. «Primaban los temas de televisión; había series como *Hombre rico, hombre pobre*, *Poldark*. Se seguía a los personajes, a los actores. No existían los falsos famosos como ahora. No había Belenes Esteban. A mí me sorprende ver a colegas mías de esa época como Chelo García Cortés en programas como *Dónde estás corazón*. Y otra cosa que me asombra es la monarquitis; es brutal, que salgan tantos reyes y reyecitos que ya no pintan nada. Creo que en ese sentido ha empeorado mucho. En nuestra época hacíamos cosas como el concurso de nombres que fue un éxito, nos llegaron cartas de todas partes, tuvimos que poner un equipo especial. Y luego hicimos extras: un extra con la muerte de Franco, lo enterramos e hicimos otro extra con la coronación del rey… hicimos tres o cuatro números especiales. Nos dieron una paga extra. Durante el 23-F ya era subdirectora; salíamos con Calvo Sotelo, que iba a ser el nuevo presidente del Gobierno, y estuvimos aguantando hasta las seis de la mañana y al final cuando salió el rey hicimos una portada que rezaba: «Gracias, majestad». Es decir, que hacíamos reportajes políticos, de actualidad. Sí es verdad que en los últimos años cambió un poco la cosa. A mí afortunadamente en 1983 me salió lo de *El País*. Y allí me fui», cuenta Rosa Mora.

Sí, todo parece indicar que la década de los ochenta fueron los inicios de lo que hoy tenemos. Primero hubo un acontecimiento mundial que desbordó todas las expectativas: la boda de Lady Di y Carlos de Inglaterra en 1981. La familia real británica siempre ha estado unida a las páginas de las revistas del corazón, sobre todo de *¡Hola!*, como reflejó Lady Di cuando llegó a España y preguntó por la revista. En fin, parece que en la década de los ochenta el gusto por el cotilleo aumentó y en 1984 Jaime Peñafiel, después de años en *¡Hola!*, lanzó al universo rosa una publicación del grupo Zeta, *La Revista*, que no tuvo suerte en el mercado. Según alguna de nuestras protagonistas, Peñafiel comenzó con el comercio de las exclusivas. «Pagarse siempre se ha pagado, pero se pagaba por las memorias o, por ejemplo, si Imanol Arias hacía una entrevista, se le pagaba», dice Milagros Valdés.

Otra de las periodistas que bregó en estas lides fue Esperanza Navarrete. Llevaba la delegación de *Diario 16* en Barcelona, cuando, en 1986, recibió una oferta de *Lecturas*. Entró pensando que no iba a durar mucho, y hasta hoy. Ella nos va a explicar cómo ha cambiado esto desde los ochenta hasta ahora:

«Yo nunca he pagado por una entrevista. Cuando Jaime Peñafiel se fue a dirigir *La Revista* que sacó el grupo Zeta comenzó el baile de las grandes cifras. Peñafiel pagó una millonada por la boda de Carmen Sevilla. Este tipo de prensa lo que sí trabaja es la relación con el personaje, tener buena relación, que ellos te conozcan, que sepan cómo trabajas, e incluso a alguno le coges cariño, pero la manera de romper con eso es pagando. No todos entran en el juego. Yo he hecho cosas con personajes a los que habían ofrecido mucho dinero y lo han hecho conmigo, por ejemplo Concha Velasco, a la que ofrecieron mucho dinero por contar sus problemas con Paco Marsó, o Rocío Jurado».

Y es que antes, los famosos abrían las puertas. «Una cosa que hicimos en *Diez Minutos* que tuvo mucho éxito, tanto que se agotaba la revista, fue una serie de los famosos en la intimidad —rememora Milagros—. La farándula, los artistas recibían a *Diez Minutos* en su casa y a lo mejor no tenían baño sino duchas pequeñas. Lo ves ahora y te mueres de risa. La picardía era que a lo mejor salía un hombre de la ducha.»

Y en 1989 todos se apuntan al corazón. Marta Chávarri y Alberto Cortina salen juntos de un hotel en Viena. La exclusiva la dio *Diez Minutos*. «Lo hizo una agencia. Habíamos pagado la primera visión [de las fotografías]. La agencia te avisa, voy a hacer esto, y si sale tú pagas por ser la primera en verlas. Las compramos, pensamos que iba a ser un bombazo, pero no que iba a abrir los informativos de Radio Nacional de España. Yo casi me muero cuando oigo el primer titular: "Comunicado de Construcciones y Contratas sobre las fotos aparecidas en *Diez Minutos*"; pensé:

"Dios mío"», recuerda Milagros. Fue el comienzo de un no retorno; las revistas de información general, que se habían vaciado de contenido con el fin de apoyar la transición y la estabilidad económica, se lanzaron como locas a esa historia que mezclaba banqueros con aristocracia, mujeres despechadas, pelotazos, etc. Se le llamó el «rosa-gate», que saltó incluso a las páginas de economía de los periódicos.

María Eugenia Yagüe estaba allí, haciendo crónica social en esa etapa: «Con Julián Lago inauguramos *La cara oculta de la jet set*. Nos repartíamos los personajes. A mí me tocaron el marqués de Griñón y Jaime de Mora. Era la primera vez que hacíamos el anti *¡Hola!* Contábamos cosas que no se habían contado. Era una crónica social desmitificadora. Antes teníamos todas las puertas abiertas; ahora, las canas y los años te mantienen aún algunas abiertas, pero es difícil. El salto se produce con los programas de televisión. Todo comenzó con *Tómbola*, dirigido precisamente por una mujer, Carmen Ro (el programa que inauguró esa manera de hacer rosa comenzó en marzo de 1997 y terminó en 2004). Los personajes populares han cambiado un poco. Y claro, si uno gana siete millones de pesetas por decir miserias, pues las cuenta. Para mí lo más impresionante han sido los hijos de Ángel Cristo metiéndose con su padre».

Rosa Villacastín se cansó de hacer política y quiso cambiar: «Me ofrecieron en el *Ya* hacer la contraportada haciendo una crónica social. Era una época muy divertida, con los Albertos, Marta Chávarri, Isabel Preysler, Miguel Boyer. Estaba todo mezclado. Ibas a fiestas, asistías a su ambiente, era otra manera de conseguir la información, no como ahora». Rosa reconoce que la televisión es un mundo aparte. «En las radios no oyes esas barbaridades con la impunidad que se dicen en televisión. Y es que les compensa porque ganan mucho dinero, son programas muy rentables, cuyos equipos de redacción son pequeños y con contratos por obra.»

Rosa es una periodista veterana que ya ha entrado en el terreno de la opinión. Y es que son muchos años informando del asunto, de éste y de otros. Y no le gusta cómo están las cosas. Demasiada crispación. Dice que le da la impresión de que los gritos de los programas basura se han trasladado a otros ámbitos de la sociedad, como la política: «Los más comedidos ahora son los del fútbol. Los políticos de ahora se insultan, no tiene nada que ver con lo de antes».

La prueba de que el corazón era cada vez más de interés general, o cada vez más rentable, está en la parrilla de la programación de televisión. No hay más que echarle un ojo. Veamos la programación de hoy, martes 6 de marzo de 2007. En Televisión Española tenemos el magazine *Por la mañana*, donde Manuel Giménez da las noticias del corazón. Cuenta Giménez en una entrevista que sus compañeros del programa le dicen que parece un marujo. Ya se sabe que sólo a las mujeres les interesa este tipo de prensa, a las mujeres y a las marujas, claro. Después de escuchar las noticias de Giménez sobre el asunto del corazón, la concurrencia sólo tiene que esperar un poco para que comience *Corazón de invierno*, que según reza el titular es un programa que se interesa por los famosos, sus trabajos, sus vidas, ocio… Y a las ocho, tras un descanso, vuelve *Gente*, que también nos trae noticias de los personajes. Para abrir un poco el abanico, Jesús Quintero invita a su programa a gente que son noticia en la prensa del corazón. Lo que pasa es que les hace una entrevista más o menos seria y así parece como menos del corazón. Esta noche en concreto entrevista a una modelo, a un sacerdote, a un bailaor y a una cantante de éxito. La 2 es una cadena libre de famosos. En Antena 3 comenzamos a las 17.30 con *En Antena* de Jaime Cantizano. Sin comentarios. Y para los masoquistas, los viernes *Dónde estás corazón*, también de Jaime Cantizano.

En Cuatro televisan a las cinco *Channel n.º4*, magazine de entretenimiento donde no falta alguna tertuliana presente en la prensa del corazón como Vicky Berrocal, y una crónica del corazón con Rosa Villacastín a la manera de antes. Sin inventar. Tele 5 merece una tesis doctoral, porque ella misma produce programas que tienen como objetivo lanzar al universo rosa a personajes de medio pelo que han participado, por ejemplo, en *Gran Hermano*. En Tele 5 tenemos el programa de Ana Rosa Quintana y *Aquí hay tomate*. Y en La Sexta no hay programación de crónica del corazón. ¡Inaudito! En fin, como se puede ver, la prensa del corazón lo inunda todo, pero hay algunos programas serios que intentan seguir por la senda que marcaron las revistas del corazón. El programa estrella, presentado y dirigido como casi todos por una mujer, es *Corazón, Corazón*. Y la reina de corazones: Cristina García Ramos.

Cristina se aleja, al igual que Rosa Villacastín, de los estereotipos que tenemos en la cabeza sobre la periodista de prensa del corazón. Cuando estaba trabajando en la tele de Canarias le pidieron que viajara a Madrid para presentar un telediario y se quedó como presentadora un par de años, y saltó a otros programas como *El Espejo* y *A través del Es-*

pejo. Estuvo cinco años. «Lo que más me desconcertó fue el encargo que tengo actualmente. Comencé *Corazón, Corazón* en el año 93. Fue el primero que hubo en la tele. La idea fue de Ramón Colom, que pensaba que tenía que haber un *¡Hola!* televisado. Y yo le decía: "Bueno, pero sólo para el verano", porque tampoco hay tanta gente que interese. Y lo empezamos y fue un *boom* que nos sorprendió a todos. El formato era mío. Lo único que tuve claro es que quería hacer un informativo porque si nos sentábamos a la mesa y hacíamos la tertulia se nos podía ir de las manos, que es lo que ha ocurrido. A mí me gusta la información y no la opinión, además creo que hoy se da opinión sin estar avalada por la información. Nosotros hacemos la noticia. Una boda es una boda y un divorcio es un divorcio, hay que darles rigor y un envoltorio más frívolo y un decorado bonito, pero si decimos que tiene novio, que lo tenga, y si decimos que se separa, que se separe. También aspiraba a que los personajes hablaran en mi programa. Es que antes no hablaban. Yo creo que la duquesa de Alba la primera vez que habló en televisión fue en mi programa y a Isabel Preysler sólo la veían en revistas. La gente no estaba acostumbrada a que la gente del corazón se moviese. *Corazón, Corazón* hizo que la gente del corazón tomase cuerpo. Y lo hizo con glamour, con elegancia y con clase.»

Quizá la llegada de los famosos a la tele, conocer cómo hablaban y cómo se movían empezó a desmitificarles, pero no han dejado de interesar. Interesan tanto que se ha creado una industria y mucha gente trabaja en ello.

«Cuando nosotros empezamos estaban Europa Press y Korpa —explica Cristina—. Nosotros hacíamos entrevistas concertadas, los famosos nos abrían las puertas de su casa, teníamos invitaciones para ir a todos los sitios, no existía el desmadre que hay ahora, que es aterrador. Hemos casado a todo el país y hacemos seguimiento: hemos casado, descasado y vuelto a casar en algunos casos. Ahora está más complicado, hay mucha competencia. Esto me parece bueno, en principio, pero hay tanto exceso que nos perjudica a todos. Ahora vas a un acto y hay más cámaras que invitados, y así no se puede trabajar. Es una locura. Otra cosa que tuvimos claro es que no íbamos a pagar por una exclusiva. Nunca he pagado por una información. Soy periodista y no pago y nunca hemos tenido ningún problema. Ahora se ha perdido el respeto y ellos, los famosos, están cansados y quemados. Es muy desagradable tener una cámara todo el día encima.»

Corazón, Corazón no, pero las revistas pagan por exclusivas. «Lola Flores lo hacía con mucha gracia. Llamaba y decía: "Oye, que mira, que ahora necesito…". Ahora ya no funciona así. Ahora los personajes funcionan con agencias, y para llegar a algunos tienes que hablar con managers, asesores, etc.», dice Esperanza Navarrete.

Y a pesar de que es un periodismo amable, es muy influyente. Tiene mucha audiencia. Y hay problemas de censura y de autocensura. De autocensura, todas reconocen que la casa real española tiene un trato privilegiado y cuidado. Y en cuanto a censura destaco lo que me contó Eugenia Yagüe que refleja un poco hasta dónde se ha llegado: «Me mandaron hacer una entrevista a Paloma Cuevas para el *¡Hola!* Nati Abascal hacía el estilismo y me encargó la entrevista porque conozco a Enrique Ponce y a Paloma Cuevas.

Llamo a Paloma y me pide el cuestionario. Le pregunto: "Paloma, ¿el cuestionario?". Se lo mando. Nadie me ha pedido el cuestionario, he hecho entrevistas a todas las mujeres del PP, a Ana Botella, a Pilar del Castillo... nadie me ha pedido nada. Le hago la entrevista por teléfono. Me pide que le mande el texto. Y va y me corrige y me quita cosas. Me cayeron lágrimas de amargura. Y no acabó ahí el asunto. Me dijo que la habían leído ella, su madre y su tata. Entrevisté también a Enrique y también me pidió el texto. Y Paloma me dijo que como Enrique había contestado poco que pusiera algunas de sus respuestas como suyas. Ha sido lo más humillante que me ha pasado en mi carrera. Lo más. Y lo que quitaron era una tontería sobre la fiesta de Navidad en la que Enrique imita a Julio Iglesias».

Censura. También sufrieron la censura pero de otra manera las que hacían corazón en la época franquista, con la Ley Fraga como telón de fondo. Vean si no lo que le pasó a Maruja Torres cuando trabajaba en *Garbo*: «Nos traen unas fotos de Mariví Dominguín sentada encima de su tío. Todo el mundo sabía que estaban liados a pesar de que los dos estaban casados. Y no nos parece mal, además encima de ellos en la pared había colgadas unas astas. Entonces, como los textos de la agencia eran malísimos hice lo de siempre, cambié los pies de foto... que si el amor brilla en su mirada. No hubo nada que hacer. Perdí y quedé inhabilitada durante diez años. Mariví dijo que se había caído. Era un ambiente divertido».

Lo que parece que no ha cambiado es lo que tiene que tener alguien para salir en un programa como *Corazón, Corazón* o en algunas de las revistas de las que hablamos.

«En mi programa salen primero los que son famosos por su trabajo; puede ser moda, cine, música —comenta Cristina García Ramos—. Luego hay famosos más difíciles de clasificar, como Isabel Preysler, con una trayectoria social como la suya. No me gustan los famosos inventados, los que se hacen por encargo a través de programas de la tele o de agencias. Hay gente que corre por delante de las cámaras para hacerse famoso. Hay que admitir que hay un lado cutre.»

«Antes en los ochenta, en la época dorada, era maravilloso, Marta Chávarri, las Koplowitz, había lujo, desgracia, amor, sexo y poder y ese cóctel siempre funciona», comenta Yagüe, que apuesta por Isabel Preysler como gran dama de la prensa rosa, un reinado que todavía no tiene sucesora.

No quiero terminar sin hacer dos apuntes sobre este tipo de prensa. Primero, la imagen que dan de la mujer en sus páginas. Son rancias —unas más que otras— y no hay número en el que no se exalte la maternidad; se admira a la mujer que se ocupa de los suyos, y nunca se olvidan de preguntar por la boda, como si todavía fuera algo extraño vivir en pareja. Y parece que nadie se queja. Y eso que la gran mayoría de las que trabajan en las revistas, como hemos visto, son mujeres. Rosa Villacastín sí lo hace: «Lo que me llama la atención de la gente que va entrando es lo carcas que son, son muy primitivos. Son verdaderos inquisidores y juzgan a Lola Flores porque tenía un amante. Se han convertido en jueces de la moral, de las buenas costumbres, y a mí me alucina porque siendo gente joven se lo creen de verdad. ¡Haber luchado tanto para llegar a esto!».

Milagros Valdés es de la misma opinión: «El tratamiento es un desastre. Nadie se queja. Te diría que hay un retroceso del concepto de la mujer y en el mundo profesional de las mujeres. Se está ñoñeando».

Pero a pesar de ser carcas también reconocen que han aportado a la sociedad algo de «modernidad». Cuando un famoso hace algo que no está normalizado ayuda a normalizarlo. En eso están de acuerdo todas. Desde las revistas del corazón se ha ayudado a normalizar, a incorporar a nuestras costumbres y a nuestra mentalidad hechos que antes no estaban admitidos: divorcio, separaciones, bodas entre príncipes y plebeyas divorciadas, bodas entre gays.

Qué duda cabe que la prensa rosa tiene influencia en la sociedad. Y aún hay más, porque Milagros Valdés opina que la prensa del corazón ha ayudado también a introducir a muchas mujeres en la lectura. «Las revistas fomentan la lectura femenina. Es como los tebeos en mi generación. De alguna manera es una reivindicación que hay que reconocer.»

EPÍLOGO

La foto final

Y hasta aquí hemos llegado. Ahora toca la foto final. Una foto que refleja que, aunque las mujeres hemos conquistado las redacciones, eso no significa que tengamos las mismas oportunidades que nuestros compañeros a la hora de ocupar ciertos cargos. Así lo constata el último informe anual de la Asociación de la Prensa de Madrid de 2006 que dedicó su cuaderno central a la situación de las mujeres y los medios. Por lo tanto, muchas profesionales desaparecen del encuadre si el zoom enfoca a los cargos directivos. En España sólo hay 18 directoras de periódicos. Y cada vez que alguna alcanza ese puesto, salta a los titulares de la prensa, lo que quiere decir que todavía es noticia. Este libro ha querido ser una foto panorámica de lo que ha pasado desde que Carmen de Burgos entró a pedir trabajo en el *Diario Universal*.

Quiero agradecer de todo corazón a todas aquellas mujeres que han prestado su historia para realizar este paisaje general. Está claro que no están todas las que son ni son todas las que están. Algunas, las menos, no quisieron aparecer en la foto. Y hablar con todas era una labor imposible.

Son muchos los testimonios que se han quedado en el camino, historias pequeñas, privadas, que constituyen la Historia con mayúsculas y que vienen a demostrar que las mujeres, periodistas y de otras profesiones, han tenido y tienen que renunciar a parte de su vida para dedicarse plenamente al oficio que les apasiona. Han sido, en muchas ocasiones, renuncias voluntarias porque el periodismo es un oficio que absorbe, que no tiene horarios.

También quiero agradecer a Margarita Rivière la confianza que ha depositado en mí, sus consejos y su prólogo. Por otro lado, hay otro aspecto que quizá escape a la foto final y que es un cierto pesimismo que se cierne sobre el estado del periodismo en la actualidad. Muy pocas de las entrevistadas piensan que ahora se hace un periodismo en condiciones y son muchas las que se quejan de la falta de vocación e inquietudes de los recién llegados. El futuro está a la vuelta de la esquina y serán ellas y ellos quienes tengan que demostrar que se equivocan. Mientras tanto, nos quedamos con esta foto general, dedicada a todas las mujeres que aman este oficio.

Bibliografía

Alba, Yolanda (coord.), *Jornadas: las mujeres y los medios de comunicación*, Dirección General de la Mujer, Consejería de Sanidad y Servicios Sociales, Comunidad de Madrid, 1997.

Alférez, Antonio, *Cuarto poder en España. La prensa desde la Ley de Fraga 1966*, Plaza & Janés, Barcelona, 1986.

Aranguren, Teresa, *Palestina. El hilo de la memoria*, DeBolsillo, Barcelona, 2005.

Astelarra, Judith, *Veinte años de políticas de igualdad*, Cátedra, Madrid, 2005.

Balsebre, Armand, *Historia de la radio en España* (2 vols.), Cátedra, Madrid, 2002.

Campos, María Teresa, *Mis dos vidas. Memorias*, Planeta, Barcelona, 2004.

Carabias, Josefina, *Azaña: los que le llamábamos Don Manuel*, Plaza & Janés, Barcelona, 1980.

—, *Los alemanes en Francia vistos por una española*, Castalia, Madrid, 1989.

—, *Crónicas de la República*, Temas de Hoy, Madrid, 1997.

—, *Como yo los he visto*, El País Aguilar, Madrid, 1999.

—, *El maestro Guerrero fue así*, Biblioteca Nueva, Madrid, 2001.

Cisquella, Georgina; Eruiti, José Luis, y Sorolla, José A., *La represión cultural en el franquismo*, Anagrama, 1977.

Cruz, Juan, *Una memoria de El País*, DeBolsillo, Barcelona, 2005.

Delibes, Miguel, *La censura de prensa en los años cuarenta*, Ámbito, Valladolid, 1985.

Domingo, Carmen, *Coser y cantar. Las mujeres bajo la dictadura franquista*, Lumen, Barcelona, 2007.

Falcón Osorio, Pilar, *El imperio rosa. Poder e influencia de la prensa del corazón*, Editorial CIMS, Barcelona, 1998.

Fernández, Isabel y Santana, Fernanda, *Estado y medios de comunicación en la España democrática*, Alianza, Madrid, 2000.

Fuentes, Juan Francisco y Fernández, Sebastián, *Historia del periodismo español*, Editorial Síntesis, Madrid, 1998.

Gallego, Juana, *Mujeres de papel. De ¡Hola! a Vogue: la prensa femenina en la actualidad*, Icaria, Barcelona, 1990.

—, (dir.), *La prensa por dentro. Producción informativa y transmisión de estereotipos de género*, Los Libros de la Frontera, Barcelona, 2002.

Ginzo, Juana y Rodríguez Olivares, Luis, *Mis días de radio. La España de los 50 a través de las ondas*, Temas de Hoy, Madrid, 2004.

Gómez Aparicio, Pedro, *Historia del periodismo español* (4 vols.), Editora Nacional, Madrid, 1971.

González-Ruano, César, *Memorias. Mi medio siglo se confiesa a medias*, Renacimiento, Sevilla, 2004.

¡Hola! 50 aniversario, número especial (2 vols.), 1994.

Huertas, Josep M.ª, *Una història de La Vanguardia*, Angle Editorial, Barcelona, 2006.

Humor gráfico español del siglo XX, Biblioteca Básica Salvat, Barcelona, 1970.

Larumbe, M.ª Ángeles, *Las que dijeron no. Palabra y acción del feminismo en la transición*, Prensas Universitarias de Zaragoza y Ayuntamiento de Zaragoza, 2004.

Mainar, Rafael, *El arte de periodista*, Destino, Barcelona, 2005.

Mangini, Shirley, *Las modernas de Madrid. Las grandes intelectuales españolas de la vanguardia*, Península, Barcelona, 2001.

Marqués de Valdeiglesias, *70 años de periodismo* (3 vols.), Biblioteca Nueva, Madrid, 1950.

Martín Gaite, Carmen, *Usos amorosos de la postguerra española*, Anagrama, Barcelona, 1987.

Muñoz Soro, Javier, *Cuadernos para el Diálogo (1963-1976). Una historia cultural del segundo franquismo*, Marcial Pons, Barcelona, 2006.

Nielfa Cristóbal, Gloria (ed.), *Mujeres y hombres en la España franquista: sociedad, economía, política y cultura*, Universidad Complutense, Madrid, 2003.

Nogué, Anna y Barrera, Carlos, *La Vanguardia. Del franquismo a la democracia*, Editorial Fragua, Madrid, 2006.

Olmos Víctor, *Historia de la agencia Efe. El mundo en español*, Espasa, Madrid, 1997.

—, *Historia de Abc*, Plaza & Janés, Barcelona, 2002.

Paz Rebollo, María Antonia, *El colonialismo informativo de la agencia Havas en España (1870-1940)*, Universidad Complutense, Madrid, 1987.

Polo, Irene, *La fascinació del periodisme*, Quaderns Crema, Barcelona, 2003.

Ramírez, J. A., *Cartas de un abogado a las mujeres de España*, Biblioteca General Salvat, Barcelona, 1973.

Rodicio, Ángela, *Acabar con el personaje*, Plaza & Janés, Barcelona, 2005.

Roig Castellanos, Mercedes, *La mujer y la prensa*, Madrid, 1977.

Sahagún, Felipe, *El mundo fue noticia. Corresponsales españoles en el extranjero: La información internacional en España*, Fundación Banco Exterior, Madrid, 1986.

Seoane, María Cruz y Seiro, Susana, *Una historia de El País y del Grupo Prisa*, Plaza & Janés, Barcelona, 2004.

Sinova, Justino, *La censura de prensa durante el franquismo*, DeBolsillo, Barcelona, 2006.

—, *La prensa en la Segunda República. Historia de una libertad frustrada*, Debate, Barcelona, 2006.

Spengler, Christine, *Entre la luz y la sombra. Autobiografía de una corresponsal de guerra*, El País Aguilar, Madrid, 1999.

Torres, Maruja, *Mujer en guerra. Más masters da la vida*, Planeta, Barcelona, 2005.

Tulloch, Christopher David, *Corresponsales en el extranjero: mito y realidad*, Eunsa, Pamplona, 2004.

Utrera, Federico, *Memorias de Colombine. La primera periodista*, HMR Hijos de Muley Rubio, Madrid, 1998.

Veiga, Yolanda e Ibáñez, Isabel, *Religión catódica. 50 años de televisión en España*, Rama Lama Music, Madrid, 2006.

Vila-Sanjuán, Sergio, *Crónicas culturales*, DeBolsillo, Barcelona, 2004.

VV.AA., *Periodismo y periodistas en la guerra civil*, Fundación Banco Exterior, Madrid, 1987.

VV.AA., *Españolas en la transición. De excluidas a protagonistas (1973-1982)*, Editorial Biblioteca Nueva, Madrid, 1999.

Índice